페미니즘들의 세계사

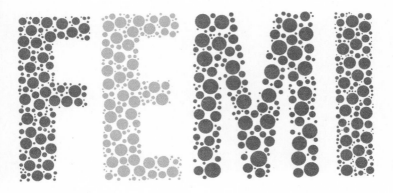

페미니즘들의 세계사

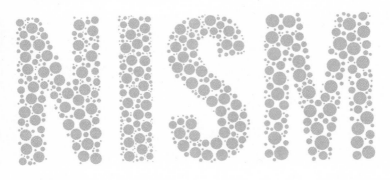

플로랑스 로슈포르 지음 | 목수정 옮김

Histoire mondiale des féminismes

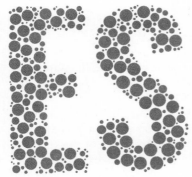

책과함께

일러두기

- 이 책은 Florence Rochefort의 *Histoire mondiale des féminismes*(Que Sais-Je?, 2018)를 완역한 것이다.
- 미주(출처)는 원주이고, 각주는 옮긴이 주다.
- 원서에는 책이나 글 제목, 기관명 등이 주로 프랑스어로 실려 있는데, 그중 일반적으로 영문명이 통용되는 경우는 영어 원문을 병기했다. 한국어판으로도 출간된 책의 경우 한국어판 제목을 표기하고 원어 병기를 생략했다.
- 옮긴이가 지은이와 직접 소통하며 우리말로 옮겼는데, 그 과정에서 지은이가 고치거나 보강한 부분도 있다(예: 141쪽의 '일본군 위안부' 내용 보강).

차례

서론

글로벌한 접근

20세기에 전개된 여성해방은 시공간상 불연속적으로 나타나 상당한 규모로 모든 사회를 전복시킨 중대 사건이다. 그러나 우리는 이 '페미니즘들'이 성평등과 여성의 근본적인 자유를 획득하는 데 있어서, 그리고 성역할과 성 정체성에 대한 보다 개방적이고 유연한 정의를 수용하게 하는 데 있어서 얼마나 중요한 역할을 해왔는지를 간과하곤 한다. 최근 뉴스들이 우리에게 끊임없이 상기시키는 바와 같이, 이 페미니즘들은 우리가 물려받은 여전히 강력한 불평등에 대해 문제를 제기하고 있다.

왜 페미니즘을 복수형으로 제시하고 있는가? 자주 악마화되거나 무시당해왔던 페미니즘들은 숱하게 오해되어왔고, 번번이 비하되곤 했다. 이들은 또한 사회과학을 통해 구축되고 연구되는 대상이 되기도 했다. 그리하여 페미니즘은 하나의 역사, 아니

여러 개의 역사를 가지게 되었다.

용어의 정의와 투쟁의 목적, 그 목적에 이르기 위해 사용되는 방법들을 둘러싼 내부 논쟁들은 각각의 페미니즘이 가진 이질성을 잘 드러낸다. 그러나 이 이질성이 인식되는 경우는 매우 드물었고, 세간의 상식이나 개인의 기억들에 의해 자주 부정되어 왔다. 역사적 관점에선 반대로 페미니즘 활동가들이 갖는 다양성이 페미니즘을 복수형으로 사용하게 부추기는 요소다. 페미니즘이란 용어는 대조적인 현실들과 페미니스트계의 주요 인물들이나 페미니스트 집단들에 의해 불거진 논쟁들을 포괄하며, 정치·사회적 움직임뿐 아니라 철학적·정치적 사상의 흐름으로 드러난다.

페미니즘이란 여성의 권리와 그들의 사상과 행동의 자유를 획득하기 위한 투쟁이라 정의할 수 있다. 이 투쟁은 여성의 종속과 지배에 대한 비판뿐 아니라 젠더 규범에 대한 광범위한 비판의 영역을 포괄한다. 페미니즘이 무엇보다도 여성에 관한 문제를 다루는 개념이기는 하나 남성적, 여성적이라는 말의 정의와 위계질서의 방식에 따라 정립된 남성성과 여성성의 코드를 포괄적으로 건드리고 있기 때문이다. 1970년대 페미니스트들에 의해 탄생한 젠더라는 개념은 가부장제 위계질서의 다양한 체계를 지칭한다. 그 체계 속에서 일부 여성들은 기꺼이 이해당사자가 될 수도 있고, 어떤 남성들은 체계에 반대하거나 혹은 그 희생자라고 스스로를 간주하기도 한다. 페미니즘이 짊어진 임무

중 하나는, 타고난 천성이거나 숙명으로 간주하는 사고가 부정해온 젠더 간 불평등을 또렷하게 드러내는 것이다.

이 같은 불공정함에 대항하는 수차례의 반란들이 페미니즘의 복합적인 지도를 만들어갔다. 따라서 페미니즘이라는 용어의 정의 또한 각각의 저항들이 맞서온 지배 세력의 형태에 따라, 그리고 다양한 시대와 사회 혹은 그 사회 안에 있는 집단들이 부여하는 자유와 평등의 개념에 따라 상대적이고 유동적이다. 여성과 남성 간의 차이, 섹슈얼리티에 대해 사고하는 방식 또한 특정 맥락이나 표현의 시의성, 사회운동의 흐름에 따라 다르게 조건 지어진다. 페미니스트에 대한 자발적 정의는 고려해야 할 요소이긴 하지만, 그 자체로 충분한 기준은 아니다. 페미니스트를 자처하지만 페미니스트로서 지극히 제한된 야망을 가지거나, 정반대로 성평등을 강경하게 선언하면서도 페미니스트라는 용어를 부정하는 경우도 있다. 의미심장한 의지를 담은 선언 앞에서 우리가 흔히 듣게 되는 "난 페미니스트는 아닙니다만…"이라는 문구처럼 말이다.

어떤 페미니스트 활동가들은 더 안전하거나 덜 암시적인 표현을 선택하기도 한다. '여성주의자' 혹은 '여성운동' 같은.

이 책의 목적은 역사적 관점에서 좋거나 나쁜 페미니즘의 전형을 정립하려는 것이 아니다. 때로는 모순되면서도, 각각의 페미니즘에 담긴 논리와 모호성을 선명하게 드러내고자 하는 것에 가깝다. 이 같은 요소들은 시기에 따라, 그리고 지역·국가·세계라는 단위에 따라 다양하게 존재한다.

그렇다면 왜 세계라는 단위에서 이 종합 분석을 다루고자 하는가? 다양한 영역을 다루는 백과사전적 접근이 끊임없이 닥쳐오는 위급 상황들에 의해 재수정되는 페미니즘이란 주제를 철두철미하게 고찰하기엔 분명 충분하지 않을 것이다. 이 책의 목적은, 페미니스트 운동과 사상의 역사에서 드러난 굵직한 핵심 노선들을 그려보는 것이다. 높은 곳에서 바라본 경치 같은 것에 가까울 수 있다. 몇 개의 주된 능선이 보일 뿐, 핵심적인 토론들과 흥미진진한 전기적 여정들은 시야에서 사라질 수밖에 없다. 이 같은 프로젝트에서 필연적으로 단편적일 수밖에 없는 측면을 부정하지 않으면서 세계 전체의 글로벌한 페미니즘의 역사를 다루겠다는 것은 불가능한 도박처럼 보였다. 나라별로 구성된 전집을 통해서 이 같은 방식은 이미 시도된 바 있으나, 총괄적 방식'으로는 드물게 시도되었다.

우선, 페미니즘의 역사 편찬이 깊이 있게 발전해왔고 다원화되었다는 사실에서 그 원인을 찾을 수 있다. 앞으로 개척해나가야 할 엄청난 영역이 남아 있긴 하지만, 페미니즘의 역사 기록은 1980년부터 모든 대륙에 걸쳐 확대되어왔다. 라틴아메리카, 아시아, 아랍 국가, 사하라 이남 아프리카 등은 그때부터 자신들 고유의 페미니즘 역사를 지녀왔다. 이러한 핵심적인 도약들은 단숨에 다른 영역에서 연구되어왔던, 국제적이고 포괄적이며 상호 연관된 또 다른 역사적 전망을 갖도록 자극했다.

이 책의 목적 중 하나는 서구에서 평등을 둘러싼 문제의식이 출현했던 것처럼, 비서구권에서도 평등의 문제가 서구로부터 도입된 것이 아니라 각 지역의 특정한 내부적 원동력에 의해 제기되었다는 사실을 입증하는 것이다. 그 안에서도 여전히 식민지 지배와 갖는 연관성이 역설적인 형태로 종종 드러난다고 해도 말이다.

여성들에게 가해지는 불평등과 불의에 대한 저항은 각각의 사회가 고유하게 가지고 있는 다양한 문제의 토대와 범세계적인 시각의 상호작용 속에서 인권과 여권 사상을 통해 성장해왔다. 이 책의 또 다른 목적은 상호 침투적 관계를 맺고 있는 북반구와 남반구 사이에서 벌어지는 교류의 복합성을 드러내는 데 있다.

이 같은 연관성은 최근 전개되고 있는 페미니즘의 도전적 문제 제기들에 의해 영향을 받으며, 역사적 문제에 있어서 점점 더 근본적인 요소가 되고 있다. 21세기에 이르러 이러한 문제 제기들은 소수민족들과 성소수자들, 다원적 정체성들의 정치화로 나타났다. 이는 기존의 페미니즘들이 내세우던 '여성들'이라는 카테고리의 응집력이 약화되는 현상에 직면해 복잡다단해진 페미니즘의 정치적 주제의 핵심이기도 하다.

범국가적 항의를 통해 진행되어온 서구 중심의 신자유주의 헤게모니에 대한 성토는 페미니즘 운동 내부에서조차 자행되고 있는 구조적 인종차별과 불평등에 대한 폭로와 동반되어 진행됐다. 이는 페미니즘 운동의 역사적 과업에 새로운 활력을 불어넣었다. 모든 상황에서 우세하게 드러나는 남성 지배에 맞서 젠더와 계급, 인종 그리고 민속학적·국가적·종교적·세대적인 다양한 소속감과 연관된 교차적 분석이 등장했다. 다시 말하자면 억압과 그것을 둘러싼 논쟁의 다양한 지층들의 뒤얽힌 관계를 관통하는 분석들이 제시되기 시작한 것이다.

현대 페미니즘의 새로운 목소리들은 전 세계를 관통하는 이같은 문제의식들의 계보와 소수자들의 목소리, 또 다른 사회·정치운동과의 유기적 결합에 더욱 주의를 기울이는, 역사적 고찰을 촉구했다.

이 페미니즘들의 역사적 연대기를 가다듬기 위해 어디까지 거슬러 올라가야 할까? '페미니즘'이란 단어는 1872년 알렉상드르 뒤마Alexandre Dumas(아들)*의 펜 끝에서 처음 등장했다. 그는 평등을 위해 싸우는 투사들을 비하하기 위해 그들을 비정상적으로 유약한 남성들로 묘사하며 의학 용어를 빌려 이 단어를 사용했다. 이후 프랑스 여성의 참정권을 주장한 위베르틴 오클

---

* 1824~1895. 프랑스의 작가, 드라마투르그, 《춘희》의 저자. 〈남자-여자〉(1872)라는 글에서 'feministe'라는 단어를 사용하는데, 이는 문헌상으로는 처음으로 드러나는 사례다. 그는 "페미니스트, 이 새로운 용어는 세상의 모든 악행이 여성과 남성의 평등을 인정하지 않는 데서 비롯한다. 따라서 여성에게도 남성과 같은 교육을 받게 해야 하고, 같은 권리를 부여해야 한다고 주장한다"라며 비판적 입장에서 페미니즘을 서술했다.

레르Hubertine Auclert[*]에 의해 페미니즘은 오늘날 우리가 알고 있는 의미를 획득하게 되었다. 그 후 페미니즘이라는 말은 질서 전복적이고 사회 기득권을 불편하게 하는 의미를 간직한 채 프랑스 전역에 퍼져 나갔고, 이윽고 여러 나라 말로 옮겨졌다. 그러나 사용되는 시점에 따라 혹은 언어적 맥락에 따라 유동적으로 변화하는 이 단어의 의미와 사용을 둘러싼 일정한 혼란은 계속 이어졌다.

평등과 자유를 위한 투쟁은 이보다 훨씬 앞서서 등장했다. 19세기 페미니스트들에 의해 발견된, 크리스틴 드 피잔Christine de Pizan은 이미 1405년에 《여인들의 도시》라는 유명한 책에서 약한 존재들이라 비방하는 그 시대의 여성 폄하적 편견들을 논박했고, 여성과 남성의 본질적인 평등과 지식에 대한 동등한 접근

---

[*]   1848~1914. 프랑스의 언론인, 작가, 페미니스트 운동가. 여성의 피선거권과 투표권을 위해 싸웠다. 나폴레옹 3세가 몰락하고 제3공화국이 출현할 무렵인 1870년 파리 여성인권협회에서 활동했다. 이 협회가 해체되고 빅토르 위고를 명예 회장으로 하는 '프랑스여성인권동맹'으로 다시 태어났을 때 합류해, 프랑스 여성으로선 처음으로 '페미니스트'임을 선언한다. 1886년 여성인권회를 설립해 여성의 참정권을 주장했고, 1877년 프랑스 여성들을 향해 "프랑스의 여성들이여, 우리에게도 요구해야 할 우리의 권리가 있습니다. 무관심과 무기력에서 벗어나 편견과 싸우고 우리를 모독하는 법들과 싸워야 할 시간"이라며 여성해방운동에 나설 것을 역설했다. 1881년에는 《여성 시민La Citoyenne》이라는 신문을 창간해 여성해방의 목소리를 사회에 전파하는 전진 기지로 활용했다. 1910년 총선 후보로 나서기도 했으나 공식 후보로 인정받지 못했다.

을 주장했다. 많은 연구자들은 그녀를 페미니즘 역사의 창시자로 간주하고 있으나, 일부에선 정치적 색깔이 강한 '페미니즘'이라는 용어의 소급적 사용에 대해 신중한 입장을 취하기도 한다. 페미니즘을 제대로 정의하는 일은 용어의 출현 이전만큼이나, 그 이후에도 복잡한 문제다.

중요한 것은, 모든 것이 중세부터 오늘에 이르기까지 평등한 세상을 향해 큰 충돌 없이 이어져온 것처럼 보이게 하는 목적론적 시각을 벗어나는 것이다. 평등과 자유는 모든 곳과 모든 시기에서 같은 의미를 갖지 않았다. 남성 지배 혹은 가부장제의 형태 또한 다양했으며 언제나 새롭게 바뀌어갔고, 또 다른 위계 속에 복잡한 질서가 만들어졌으며, 심지어 다양한 형태의 정치·사회적 논쟁, 위반이나 술책 등에 의해 복잡하게 얽히기도 했다. 표현의 자유나 혹은 반대로 표현의 억압을 둘러싼 시대적 맥락은 자유와 평등의 등장과 발전, 그것이 한 국가에 정착할 수 있는 가능성까지 결정지었다. 페미니즘들은 서로의 차이에도 불구하고 초국가적인 역동성을 통해 자신들의 메시지를 널리 전파했다. 텍스트의 번역과 사람과 생각의 이동을 가능하게 한 여행의 확대, 다양한 종류의 회합, 조직망 구축 등이 이러한 역동성을 부추기는 요인이었다.

우리는 이 책을 통해서 18세기 미국과 프랑스에서 일어난 혁명 이후 등장한 페미니즘들의 형태에 주목하고자 한다. 이 시기로부터 인류는 정치적 평등과 시민권, 인권, 근본적인 자유에 대해 문제 제기를 시작했기 때문이다. 바로 그 시점부터 페미니스트의 문제의식은 모든 인간이 갖는 천부인권과 근본적인 평등의 이름으로 조직되기 시작했다. 법질서의 차원을 넘어서 정치적·문화적·상징적 차원에서 요구된 권리들의 구체적 제도화가 모든 운동의 중심에 있었다. 교육받을 권리, 노동의 권리, 시민권, 가족과의 친밀한 관계를 포함하는 모든 영역에서의 평등, 인격에 대한 존중, 신체에 대한 온전한 권리, 출산에 대한 권리 혹은 출산을 거부할 권리, 좀 더 가까운 시기에 들어서면 이성애만으로 제약받지 않는 성적 지향에 대한 권리, 발언의 권리, 창작의 권리, 세상에 자기 존재를 드러낼 권리, 대중적으로 인정받는 표현에 대한 권리 등이 요구되어왔다.

권리를 위한 투쟁은 여성에 대한 편견과 여성 폄하적 상식, 관습, 젠더 규범, 불평등을 드러내는 표현 등에 저항하는 싸움이기도 했다. 페미니즘과 여성성의 유기적 결합은 끊임없이 재조정되었다. 페미니즘이 목표하는 바는 단숨에 그 역설을 드러냈다. 한편으론 특정 영역(삶에서의 경제력 확보, 사회적 투쟁, 혹은 예술·언어·문학 영역에서의 투쟁이 그 예다)에서 여성과 여성성의 권리회복과 인정을 실현하고자 하면서, 또 한편으론 같은 영역에서 부정적 의미의 전형성을 탈피하거나, 성역할에 대한 고정관념에서 벗어나기 위해 젠더를 특정하지 않는다거나 중립을 실현하고자 했다. 이는 페미니스트 투쟁에 동참한 남성들도 공유하는 목표가 될 수 있었다. 여성의 권리 쟁취와 실용적 요구들을 넘어,

젠더 간의 새로운 관계 설정을 통한 유토피아의 건설은 페미니즘을 가장 잘 특징짓는 가능성 있는 출구였다.

이 책에서는 페미니즘의 다양한 모습들을 보여주고자 한다. 평등과 자유라는 개념의 폭넓은 적용 범위와 다양한 해석의 가능성은 페미니스트 운동에서 왜 수많은 계파가 생성되고 그들 간의 경계가 불분명하게 나타날 수밖에 없는지를 설명해준다. 어떤 계파는 자신들의 목표를 단 한 가지 측면으로 축소하는가 하면, 다른 계파는 가능한 한 목표의 지평을 넓히고자 한다. 각각의 계파들이 열망하는 지향점이 제한된 영역에서의 개혁인지 아니면, 아니면 전반적인 사회 변화를 꿈꾸는 혁명인지 또한 분화의 기준점이 된다. 단순한 법률적·문화적 변화를 추구할 것인가, 아니면 더 광범위한 정치적 프로젝트에 우리의 변화를 연계시킬 것인가? 그리하여 다양한 페미니즘들이 영감을 얻기도 하고, 서로 연계되어 있기도 한, 광범위한 차원에서의 정치적 범위의 문제가 제기된다. 다양한 수식어가 이러한 선택과 연관을 맺는다. 아나키즘적, 사회주의적, 국가주의적, 시민주의 혹은 반식민주의적 등등. 혹은 종교적 옵션에 따라 계파가 갈리기도 한다. 기독교, 유대교, 불교, 이슬람 페미니즘… 페미니즘의 유형은 어떤 전략과 전술을 선택하는가에 따라 달라지기도 한다. 다소 급진적이거나 선동적, 혹은 온건하거나 신중한 성향의 페미니즘 그룹들로 갈라지는 것이다. 가장 많이 회자되는 논쟁 중 하나는 선거권을 둘러싼 입장이었다. 여성의 선거권을 주장하던 그룹은 폭력적 행동까지 불사했다.

이 같은 의견의 불일치에도 불구하고 여성운동가들은 선도적인 요구들을 둘러싸고 국가 단위, 국제 단위에서 종종 연대해왔고(교육의 권리, 정치적 권리, 가족 내에서의 평등, 피임, 낙태권, 임금·고용 등에 있어서의 성평등, 성적 자유 등) 억압적이거나 반동적인 정치세력이 집권할 때는 다시 후퇴하기도 했지만, 그들의 연대투쟁은 자주 성공을 거두었다.

투쟁의 목적에 따라 정치권, 노조, 시민단체, 종교단체 혹은 정부 협력자들과 여성들을 움직이게 하는 능력은 운동의 범위를 확대해왔다. 그 결과 페미니스트 그룹 사이의 모호하던 경계는 쟁점의 주제나 그들을 바라보는 관점에 따라, 특히 당대의 페미니즘 운동의 흐름이나 운동에 참여하는 여성들의 입장에 따라 유동적인 것이 되어갔다. 그렇다면 어디까지 초점을 확대할 것인가? 여성해방을 위한 결정적인 요소들은 다원적이며, 당연히 페미니즘은 유일한 동력이 아니다. 페미니즘은 여성의 자립과 젠더 간 불평등에 대한 자각에 기여하지만, 페미니즘이 작동하는 범위는 정치·경제적 변화, 도시화, 인구학적 상황, 다중이 선호하는 종교적 지향에 따라, 혹은 반대로 평등을 가로막는 새로운 장애물과 연관을 맺어왔다.

연구 사례들에 따르면, 여성이 발언권을 갖기 시작한 것은 변화와 불평등의 균열을 촉진하며 젠더 인식을 형성한 하나의 요인일 수 있다. 그러나 모든 여성단체들의 행동이 그 자체로 페미니즘인 것은 아니었다. 여성운동이 여성의 선거권이나 가족 내에서의 성평등, 혹은 낙태권에 반하는 경우도 많았다. 그러나 몇몇 여성단체들의 저항운동이 가져다준 경험은 페미니즘을 성장시켰다. 이러한 시선은 블랙 페미니스트Black Feminists나 남반구의 페미니스트 같은 그룹들에 의해 강력히 주장되어왔다. 그들은 특정한 지역적·인종적 정체성을 가진 여성운동인 자신들의 투쟁을 페미니즘 역사의 서사에서 배제하려는 지나치게 제한적인 페미니스트의 관점을 단호히 거부한다. 이런 맥락에서 오늘날 페미니즘들의 역사를 서술하기 위해서는 각자 자기 목소리를 내고 있는 여러 가지 주장들을 뒤섞는 것, 즉 다양한 관점이 가능할 뿐 아니라 유효하다는 것을 이해할 필요가 있다. 물론 그것이 명확히 서술된다는 점이 전제되어야 할 것이다. 색이 점점 옅어지면서 바깥을 향해 그려가는 원을 상상할 수 있겠다. 혹은 정반대로 어느 순간 서로 뒤섞이며 흩어져버린 원들을 상상할 수도 있을 것이다. 여성운동이 약화되어 있거나 지나치게 억압되어 있던 시기들에 대한 연구도 용어의 정의나 분석의 틀을 확장할 필요를 제공했다. 연구 틀의 확장은 기본적으로 국가 단위에서 이뤄졌다. 19세기부터 여성운동은 범국제적인 역동성을 드러내기 시작했음에도, 각국의 페미니즘 역사 편찬 방식은 일정한 '방법론 차원에서의 국가주의'를 넘어서는 것을 어렵게 만들기도 했다. 페미니즘사에 관한 공간적 관점을 확대하겠다는 선택은 여성의 권리와 여성해방이라는 개념을 둘러싼 페미니즘 운동과 사상의 역사라는, 한정된 관점으로 책의 주제를 제한하게 했다. 이러한 선택은 페미니즘 운동을 건설해온 주관적 주체들에 대한 이야기보다 페미니즘들을 구성해온 정치적 역동성에 초점을 맞추겠다는 의도를 담고 있다.

페미니즘 사상운동이나 사회운동처럼 아직 잘 알려지지 않은 페미니즘 운동의 프랑스와 유로-아메리카에서의 굵직한 역사를 따라 길을 나서면서, 몇 가지 소수 진영의 목소리를 소환하는 것도 중요했다. 완벽을 기하기보다 글로벌한 차원에서의 경험들과 논쟁들, 현상에 대한 분석과 전략상의 갈등이 드러내는 다원성들을 보여주기 위해서다. 글로벌한 차원에선 다소 무의미해지는 시기별 이슈들을 다루는 것은 의도적으로 접어두고, 일정한 연속성 속에서 드러나는 차이점들에 대해 강조하고자 한다.

장시간에 걸친 글로벌한 영역에 대한 종합적 시각이라는 선택은 세 개의 연대기적 구분을 하도록 했다. 첫 번째는 18세기 후반부터 1860년대까지다. 이미 다원화되어 있지만 산발적이고 아직 거의 조직되지 못한 페미니즘들이 서구에서 등장한 시기다. 이러한 문제 제기는 불평등한 젠더의 체제, 즉 성을 차별적이라 간주하고 성차별을 조직하는 사회 안에서 커왔다. 이렇게 발전해온 페미니즘들은 평등한 권리의 원칙이 인정되길 바라며 정치에서 '여성'의 영역을 만들어갔다. 특히 노예제 폐지를 위한 투쟁에서 영감을 받아 교육과 결혼에 있어서의 동등한 권리를 주장했다.

두 번째는 1860년부터 2차 세계대전까지다. 국가적·국제적 시민권과 여성 정치운동이 조직되면서 신여성들의 유토피아가 확산되어간 시기다. 세 번째는 1945년(유엔 선언)부터 2000년에 이르는 시기로, 페미니스트들은 여성들의 권리를 위한 투쟁을 이어갔고, 종종 제도권에 진입하기도 했다.

1960년대에 전개된 반식민지 운동과 신좌파 운동의 틀 속에서 여성해방을 요구하는 운동이 탄생하기도 했다. 이 시기의 운동들은 최근까지도 논란이 되고 있는 내밀하고 주관적인 섹슈얼리티의 문제를 정치화할 것을 제안했다. 각각의 시기에서 여성의 권리와 여성해방에 관한 문제는 자유와 해방, 개혁주의와 이상주의 사이에서 대화를 지속하며 유기적 관계를 이어갔다.

1부 성평등을 요구하다, 여성해방

1789 – 1860

1. 미국 독립혁명과 프랑스 혁명기의 인권과 여성 인권

평등의 옹호자들, '설립자'가 되다

미국 독립혁명*과 프랑스 혁명은 새로운 정치의 시대를 열었다. 평등과 자유에 기반한 새로운 사상의 시대였을 뿐 아니라, 새로운 가능성을 연 시대이기도 했다. '연약한 성'과 그들에게 주

---

*　북미 대륙의 13개 식민지가 프랑스의 원조를 받아 초대 대통령 조지 워싱턴을 중심으로 대영제국과 전쟁을 벌여 미합중국을 수립한 사건으로, 1783년 파리조약 체결로 영국으로부터 정식으로 독립한다. 1776년에 발표된 독립선언서에는 "모든 사람은 평등하게 창조되었고, 창조주는 몇 개의 양도할 수 없는 권리를 부여했다. (…) 생명과 자유와 행복의 추구, 이 권리를 확보하기 위해 인류는 정부를 조직했다"와 같은 내용이 담겼는데, 이는 독립 이후 미국에서 불기 시작한 여성해방운동에 사상적 기초를 제공했다.

어진 역할의 열등함을 둘러싼 긴 논쟁은 인권과 남성 시민권 존중에 근거해 수립된 체제와 함께 새롭게 갱신되어 나아갔다. 이는 오랫동안 문학에 등장한 광범위한 주제이기도 했고, 중국에서도 교육 문제나 전족을 통해 다뤄졌다. 여성의 시민적·정치적 평등의 문제는 정치적 독재를 폭로하는 방식을 통해 구체적으로 제기되며, 사적·공적 영역에서 남성 지배에 대한 인식을 더욱 또렷하게 했다.

성평등을 위해 싸워온 몇몇 저명한 인물들—프랑스의 풀랭 들 라 바르(17세기)와 마담 데피네(18세기), 영국의 메리 아스텔(17세기)과 캐서린 매콜리(17세기), 미국의 주디스 서전트 머리(18세기), 스페인의 베니토 제로니모 페이주와 조세파 아마르 이 보르봉(18세기)[2]—에도 불구하고, 인체 구조와 신체적 외양에서 기인하는 두 성 사이의 무한한 자연적 차이에 대한 생각은 계몽주의 시대에도 지배적인 사고였다. 당시 젠더 이데올로기는 여성 선호 쪽에 좀 더 방점을 찍을 수 있었겠으나, 법률적·사회적 영역에서의 성적 불평등, 교육의 부재, 희박한 직업적 진로의 문제를 남녀 간 차이의 이름으로 정당화했다. 이러한 제반 조건들은 여성에게 보잘것없는 임금, 처음엔 아버지, 이후엔 남편에게 속하게 되는 법률적 구속 상태를 제공했다. 미국 독립혁명과 프랑스혁명이 이어지는 동안 이 같은 차별주의적 이데올로기는 새로운 정치적 토대를 발견했다. 역량과 역할의 분리는 이성을 남성적 영역으로 분류했으며, 이는 공공의 영역을 담당하는 역할을 남성의 자질에 속하는 것으로 만들었다. 반면 여성들에게는 감성의 영역을 담당하게 했다. 가족과 가정에 대한 임무 안에 그들을 가두고 아내와 어머니로서의 시민적 역할만을 부여했다. 모든 영역에서 권력의 남성성은 혁명 혹은 공화국 형성 이후의 새로운 질서 속에서 필수불가결한 요소로 간주되었다.[3]

이 같은 남성 독단주의에 반기를 든 몇몇 인물이 여성들의 참여를 요구했다. 프랑스의 철학자 니콜라 드 콩도르세Nicolas de Condorcet*와 작가 올랭프 드 구즈Olympe de Gouges,** 프로이센

---

* 1743~1794. 프랑스의 수학자, 정치가. 프랑스 혁명기에 입법의회, 국민공회의 의원이 되고 국민교육제도 확립에 힘을 기울였으며,《인간 정신의 진보에 관한 역사적 개요》(1793)를 집필했다. 이 책은 계몽주의 역사철학의 집약으로서 놀라운 낙관주의로 인류의 무한한 완성을 지향하는 진보의 발자취를 더듬은 것으로, 인간 지식의 발전을 기준으로 역사를 10기로 구분하고 있다.〈여성의 시민권을 위한 청원〉(1790)을 쓰기도 했던 그는 여성의 법적 지위에 관한 문제에 관심을 가졌고, 여성도 남성처럼 이성을 가지고 있으므로 남성과 동등한 권리를 가져야 한다고 주장했다. 프랑스 혁명의 공간에서 인간의 권리에 기초한 새로운 사회질서를 확립한 사람들마저 여성들의 요구를 묵살해왔다며 이에 대한 문제를 제기했다.

** 1748~1793. 프랑스 최초의 페미니스트이자 문인, 여성 참정권 운동가. 흑인 노예제에 반대하는 희곡이나 여성의 이혼권을 옹호하는 글을 써서 명성을 얻었다. 프랑스 혁명기에 여러 팸플릿을 통해 여성의 권리를 옹호하는 데 나섰다. 1789년 프랑스 혁명이 말하는 보편적 인권과 국민 주권을 지지했으나 혁명이 내거는 평등권이 여성에까지 확대되지 않은 것에 환멸을 느껴 프랑스 혁명 당시 발표된〈인간과 시민의 권리 선언〉에 빗대어 1791년〈여성과 여성 시민의 권리 선언(Déclaration des droits de la femme et de la citoyenne)〉을 발

의 철학자 테오도르 폰 히펠 영국의 메리 울스턴크래프트Mary Wollstonecraft[*] 등이 바로 그들이다.

이 선각자들이 자신의 생각을 피력했을 때, 늘 사회적 반향을 얻을 수 있었던 건 아니다. 그러나 이들은 혁명이라는 상황에 놓인 개량주의자들 틈에서 철저한 평등주의에 입각한 사상을 옹호했다. 그들의 핵심 논거들은 여성을 하나의 추상적 개인인 동시에, 남성적 특권에 맞서 평등을 주장할 수 있는 정치적 카테고리로 인식할 수 있게 해주었다. 특히 메리 울스턴크래프트에게서 잘 드러나는 이 같은 고찰은 여성의 자아실현을 구속하는 여성성의 규범에 대한 사고의 빗장을 열어젖혔다. 19세기 전 세계

표했고, 이를 마리-앙투아네트에 헌정했다. 이혼을 허용하고 결혼 제도를 폐지해야 하며, 어머니의 성도 자녀에게 물려줄 권리가 있다는, 당시로선 파격적인 주장을 했다. 참정권을 요구하면서 이혼과 동거의 권리, 성적 자유를 주장했다. 가부장권을 공격하면서 미혼모와 사생아의 권리도 옹호했다. 이후 공포정치로 넘어간 후에도 그러한 소신을 꺾지 않고 로베스피에르를 공격적으로 비판하며, 자코뱅파의 여성의 참정권 제한에 저항하다가 단두대에서 처형되었다. 〈여성과 여성 시민의 권리 선언〉 10조 "여성이 단두대에 오를 권리가 있다면, 연단에 오를 권리도 가져야 한다"는 그녀의 사고를 가장 잘 상징하는 문장이다.

[*]   1759~1797. 잉글랜드의 작가, 철학자, 페미니스트 이론가. 《여성의 권리 옹호A Vindication of the Rights of Woman》(1792)에서 여성은 태생적으로 남성에 비해 열등하지 않으며, 다만 교육의 부재로 인해 열등한 것처럼 보일 뿐이라고 주장했다. 20세기 페미니즘 운동의 태동과 함께 울스턴크래프트의 여성의 평등 옹호와 관습적 여성성에 대한 비판이 새롭게 조명되었고, 오늘날에는 페미니즘 태동기에 이론의 기초를 마련한 핵심 철학자 중 한 명으로 간주된다.

의 페미니즘 운동은 바로 이러한 선각자들의 글에서 영감을 얻게 된다.

콩도르세의 추상적인 사고에 비하면 올랭프 드 구즈와 메리 울스턴크래프트의 글들은 개별적인 경험에 강하게 뿌리를 내리고 있다. 올랭프 드 구즈는 발랄하고 지적인 여성이며 홀로 아들을 키우는 젊은 미망인이었다. 남편이 죽은 후 무일푼이 되자, 애인에 의해 부양되었다.

메리 울스턴크래프트는 재정적 어려움을 겪던 영국 가정의 난폭한 아버지 밑에서 자랐다. 혁명의 도약적인 상황에서, 그녀들은 각자의 방식으로 남성들이 그들의 투쟁 속에 여성의 권리를 포함시켜주고, 여성들은 스스로 노예적 여성성을 버릴 것을 세상의 이성에 호소했다.

무신론자였던 프랑스 여성 올랭프 드 구즈는 자신이 작성한 〈여성과 여성 시민의 권리 선언〉에서 자연법의 이름으로 자신의 의견을 펼쳤다. 마리-앙투아네트에게 헌정한 이 긴 선언문은 1789년의 인권선언문을 거론하면서, 1791년 헌법으로 규정된 참정권에서 여성이 제외된 이유를 묻고 있다.

유니테리언 교도인 영국 여성 메리 울스턴크래프트는 신이 모든 인간에게 부여한 근원적 평등과 윤리 개혁의 이름으로, 6주에 걸쳐 《여성 권리 옹호》라는 제목의 책을 썼다.

이 두 여성은 모두 프티부르주아 계층 여성들의 마음을 움직였다. 메리 울스턴크래프트는 이들을 '중산층'이라 명명했다.

그녀들은 상류층 여성들의 결함을 지적해왔다. 경박함, 저속함, 무지함. 그리고 이러한 결함은 여성의 본성에 기인한 것이 아니며, 교육의 부재, 여성의 삶의 반경을 공적인 영역으로부터 차단하고 여성을 유혹자의 역할에만 국한한 남성들의 억압과 횡포에 책임을 물었다. 올랭프 드 구즈는 선언문에서 여성들을 향해 직설적으로 말했다. "여성들이여, 깨어나라. (…) 당신들의 권리를 인식하라." 메리 울스턴크래프트는 여성들의 예속 상태에 대해 그들 스스로가 동조자라고 하는 사회적 통념들을 날카롭게 타파해갔다. 그녀는 여성들에게 윤리적 완벽과 현대성을 지니도록 호소하고, 콩도르세가 그랬던 것처럼 여성에 대한 교육과 남녀 공학의 필요성을 주장했다.

종교의 자유(프랑스에서 탄압받던 유대교인과 신교도들의 신앙 인정)나 노예제 폐지를 지지하는 것과 같은 맥락에서 올랭프 드 구즈와 메리 울스턴크래프트는 여성들이 천부적으로 갖는 존엄과 행복의 권리로서, 진정한 교육, 직업인으로서의 삶, 동등한 시민권, 가족권, 정치 참여의 권리를 누려야 한다고 주장했다. 평등은, 이 싸움에 동참하도록 초대된 남성들을 포함해, 전체 사회에 이득이 되는 공익성을 띤 가치로 제시되었다. 이 두 선각자는 남성적 어휘를 구사함으로써 평판을 상실할 위험과 웃음거리가 되거나 정신 나간 자로 취급될 수 있는 위험을 감수해야 했다. 19세기의 페미니스트들이 이들이 남긴 성과를 재정립하기 전에, 수많은 중상자들은 이들을 향한 모략을 서슴지 않았다. 이런 위험을 감수한 사람들은 이들만이 아니었다.

콩도르세 부인과 친분이 있는 테르외뉴 드 메리쿠르는 여성 클럽 창립을 주도했고, 서민 계층의 여성들 또한 그들 고유의 요구들을 드러냈다. 혁명적 부르주아들과 상퀼로트sans culottes* 들이 대립하고 지롱드당와 자코뱅당이 이런저런 사건들을 만들어 가는 동안, 여성들의 요구도 이 같은 사회·정치적 균열 속에서 조정되어갔다.

젠더에 대한 인식과 여성 혁명가들의 움직임

여성들의 움직임은 혁명 과정에서 핵심적인 역할을 수행했다. 이는 성평등 요구의 등장을 위한 밑거름이 되었다. 여성들은 온갖 제약에도 불구하고, 개인적 혹은 집단적으로 혁명의 주체로서 자신들의 요구를 천명했다. 그들은 브로슈어나 편지, 성명서

---

* '속바지(퀼로트)를 입지 않은 사람'이라는 뜻으로 프랑스 혁명의 추진 동력이 된 시민 계층을 일컫는 말이다. 퀼로트는 당시 귀족이 입던 하의였기에, 부르주아들은 그 옷을 입지 않고 긴 바지를 입은 서민들을 이렇게 불렀다. 주로 수공업자, 장인, 소상인, 노동자 등 무산계급이었던 이들은 혁명 당시 극심한 생활고에 시달리고 있었고, 참정권을 비롯한 모든 권리에서 배제되어 있었다. 혁명의 도래는 상퀼로트의 열렬한 지지를 받았고, 이들은 바스티유 감옥 습격 등 혁명의 전면에 나섰다.

를 작성하고, 모임이나 클럽을 조직해 사람들을 만나고, 거리에서 시위를 했다. 혁명의 무대에 등장한 그들은 젠더에 대한 인식을 표출하기 시작했다. 특정한 사회적 힘, 즉 공동의 운명과 목표를 나누는 여성 집단에 속한다는 인식이 생겨난 것이다.

일부 여성들의 운동은 오로지 정치적 이슈에 대해서만 간여했다. 혁명기에 두드러진 활약을 했던 롤랑 부인과 루이즈 드 케랄리오 같은 인물이 그들이다. 단호하게 성평등 이슈에 반대하거나 무관심하던 여성 클럽들도 있었다. 반면 드물긴 하지만 여성의 권리에 대해 보다 또렷하게 노력을 집중하는 그룹도 있었다. 순수하게 여성들을 위한 요구는 이미 삼부회의 진정서 안에서도 직업 조직과 관련한 언급을 통해 발견되고 있다.

이들은 이후 남녀 혼성 모임이나 여성들의 모임, 여성 급진 공화주의자들 내의 정치적 행동을 통해 자신들의 요구를 표현해 왔다. 직업의 권리, 이혼의 권리, 시민권, 재산의 동등한 상속, 소녀들에 대한 학교 교육, 혹은 매춘에 관해서 그들은 논의를 이어 갔다. 어떤 여성 클럽에서는 투표권과 함께 기혼 여성을 위한 이혼의 권리, 민법상의 권리를 요구했다. 이 중 기혼 여성에 대한 이혼의 권리와 일부 민법상의 권리가 1792년에 제도화되었다.[*] 여성 급진 공화주의자들 사이에서 가장 급진적인 행동은 클레

---

*   1792년 프랑스의 혁명 정부는 교회에서 이뤄지는 종교적 의미의 결혼이 아닌 시민 결혼과 상호 합의에 의한 이혼을 허가했다.

르 라콩브Claire Lacombe와 폴린 레옹Pauline Léon을 중심으로 하는 혁명적 공화주의자 시민 모임에 의해 주도되었다. 그들은 여성을 향한 의심을 배격하고 여성들을 위한 두 가지 강력한 시민권의 상징을 획득하기 위해 싸웠다. 첫 번째는 (프랑스 공화국 시민을 상징하는) 휘장의 착용이었고, 두 번째는 무기의 소지였다. 첫 번째 요구는 얻어냈고, 두 번째 요구는 거절당했다.[4]

그러나 이들의 대중집회가 점점 빈번해지자 개헌 의회는 1793년 10월 30일, 모든 여성들의 회합과 조직을 금지하는 포고령을 내렸다. 동시에 여성의 정신적·육체적 연약함과 그들이 가족과 가정을 위해 수행해야 하는 임무를 이유로 남성과 여성의 정치적 평등에 관한 모든 생각을 단호하게 거부하는 국회의원 아마르Amar의 보고서도 등장했다.

혁명 코뮌의 검사는 지롱드당을 지지했다는 이유로 11월 단두대에서 처형된 올랭프 드 구즈를 주제넘은 여장부로 치부하며 아마르의 입장을 옹호했다. 제멋대로 희화되어온 여성 대중운동은 여성의 권리에 긍정적인 몇몇 휴머니즘적 지성인 그룹 이상으로 더 나아가지 못한 채, 혁명의 한계를 밀어내며 여성들의 요구를 관철하는 데 성공하지 못한다.

여성에 대한 학교 교육 일정은 여전히 소극적이고, 정치적 권리는 거부되었다. 혁명주의자들이 성평등과 여성들의 공적인 표현에 보여준 적대감은 프랑스 공화국의 사상에 상당 기간 동안 또렷한 흔적을 남겼다.[5]

교육, 시민권, 정치에서의 불평등: 19세기의 도전

이미 전 세기에서도 충분히 논의된 바 있던 여성 교육은 19세기 페미니스트들에게 최우선 과제로 남아 있었다. 19세기 페미니스트들은 종교적 영역에서 자주 활동했지만, 여성의 초·중등 공교육을 위해서도 싸웠다.

결혼 조건 또한 자주 다뤄지는 주제였다. 배우자를 스스로 선택할 권리, 부모의 승낙을 받지 않고 결혼할 수 있는 나이, 재정적 거래, 특히 지참금, 기혼 여성의 재산 관리, 일부다처제 등의 주제들은 문학을 통해서도 시민들의 인식과 의견을 확대해갔다. 1804년 민법상의 불평등을 고발한 조르주 상드의 소설들이 바로 그 예다. 몇몇 저명인사들도 이 움직임에 동참했다. 1837년 울스턴크래프트를 인용하던 프랑스의 루이즈 도리아Louise Dauriat처럼.

그러나 나폴레옹 법전(1804)은 군사적 정복을 통해 유럽의 대부분 지역으로 확대되었고, 이후 식민지에까지 전파되면서 1792년에 쟁취한 것 이전으로 회귀하며 해방의 가능성은 닫히게 된다.* 기혼 여성은 온전히 남편에 종속된 존재가 되었고, 남편에게 정절과 복종을 바쳐야 했다. 여성은 미성년자나 심신박

---

* 1804년 나폴레옹 민법은 여성을 결혼하는 순간 남편에 속하는 미숙한 존재로 간주하며, 여성의 간통을 엄격하게 다스렸다.

약자와 동류시되었다. 영국과 미국의 보통법(Common law)과 관습법도 더 관대하진 않았다. 독립 이후의 미국은 조국의 어머니에 대해 혁명 이후의 프랑스보다 너그럽지 못했다.

이러한 근본적 불평등은 부르주아 계급의 승리가 여성들의 반란을 충동했던 모든 사회에서 지속되었으며, 권리의 불평등에 대한 비판의 제기는 서구에서만 국한되진 않았다. 메리 울스턴크래프트의 영향을 받은 브라질의 여성 문인 니시아 플로레스타 브라질리아 아우구스타Nisia Floresta Brasileira Augusta(1810~1885)는《여성 인권과 남성의 불의》(1832)를 출간하기도 했다. 이 책은 이후 라틴아메리카 페미니즘계의 시조로 간주되었다. 인도에서는 개혁적 힌두교도인 람 모한 로이Ram Mohan Roy(1772~1833)가 사티(미망인을 죽은 남편과 함께 태우는 관습)와 일부다처제(몇 가지 예외를 제외하고)를 사회·종교개혁 안에 포함시키기도 했다. 페르시아에서는 여성 시인이자 바비즘(1844년에 생겨난 이슬람에 반하는 종교)으로 개종한 신학자 케라트 알아인Querrat al-Ayn(1815~1851)이 여성에게 강요되던 베일(부르카)과 일부다처제의 부당함을 고발했다. 그녀는 결국 추방되어 암살당했다.[6]

많은 아시아와 아랍 국가들로부터 온 여행자들은 유럽에서 목격한 성평등의 이상에 대해 호의적인 태도를 드러냈다. 선교사들의 활동, 특히 소녀들에 대한 교육은 일부 소녀들로 하여금 지식에 접근할 수 있는 그들의 권리를 일깨움으로써 여성을 억압하는 관습에 맞서도록 부추기기도 했다.

산업화, 도시화와 관련한 사회적 불평등은 노동자 계급을 강타한 것과 마찬가지로, 가정을 지키는 수호천사로서 부르주아적인 어머니와 이상적 아내의 개념에도 크게 영향을 미쳤다. 남녀 간에 엄격하게 작동하는 활동 영역의 분리 문제, 원주민 여성들이 지닌 삶의 조건 등이 새로운 도전 과제가 되었다. 페미니스트들의 사상은 노예제 반대 운동과 함께 더욱 성장했고, 계급·인종 간 불평등, 프롤레타리아의 자유를 위한 투쟁 등을 통해서도 동력을 얻어갔다.

그렇게 유토피아적 사회주의와 연관이 있는 여러 가지 경향들이 기성 질서로부터 탈피하며 세상을 설득하는 한편, 좀 더 개량주의적인 다른 사고들이 종교운동과 윤리 개혁, 자유주의 사상운동의 한가운데에서 생겨났다.

2. 페미니즘과 사회주의

이상적 사회주의의 자극

1820년부터 프랑스의 생시몽주의자, 푸리에주의자, 영국의 윌리엄 톰프슨과 로버트 오언 등의 이상적 사회주의 독트린이 프롤레타리아의 평등과 연관해 성평등의 문제를 재구성하는 사조에 영감을 제공했다. 1차 산업혁명과 농촌 이탈로 빚어진 명백한 사회적 불평등에 맞서, 이상적 사회주의자 페미니스트들은 남녀 간의 새로운 관계에 기초한 급진적 변화를 제안했다.

윌리엄 톰프슨William Thompson(1775~1833)은 애나 휠러Anna Wheeler와의 만남 이후 자신의 협동적 이상주의 사상에 성평등을 포함시킨다. 애나 휠러는 자본주의와 자유 경쟁에 반대하는 수정주의 운동에 나선 활동가로 울스턴크래프트를 추앙하던 인

물이다. 그는 노동자들이 일터에서 노동자로서의 권리를 누려야 함을 역설했다.[7]

여성 참정권 검토를 거부하는 제임스 밀에 대한 답변으로, 윌리엄 톰프슨은 《인류 절반에 대한 호소, 또 다른 절반 남성의 자만에 저항하는 여성들》(1825)을 출간한 바 있다. 애나 휠러의 편지가 이 책의 서문을 대신했다. 여성의 열등함에 대한 모든 종류의 논거를 반박하면서, 그는 여성들에게 닫힌 교육의 기회, 윤리적 위선, 결혼 제도 내에서 착취당하는 여성의 존재, 부르주아들 사이에서도 상품처럼 사고파는 존재로 착취당하는 여성의 위상에 대해 역설했다.

그가 주장하는 '새로운 사회적 행복의 시스템' 속에서 여성의 해방은 오언주의(이상적 사회주의)적 공동체 모델에서 영감을 받은 협동 조직체 속에서 육아와 가사노동에 대한 공동 책임이 이뤄질 때 가능한 것이었다. 1920년대와, 1970년의 페미니스트들에 의해 소환된 이 문구는 비록 당시에는 어떤 특정한 조직을 결집하진 못했으나, 사회주의적 페미니즘의 토대가 되는 텍스트로 위상을 갖게 되었다.

한편 생시몽주의자들 사이에서는 독자적인 저널을 통해 자신들의 목소리를 내는 페미니스트 그룹이 탄생했다. 생시몽 백작의 책 《신新그리스도주의》에서 영감을 받은 그들은 진보와 조화를 토대로 한 사회 건설을 목표로 하는 새로운 종교와 교리를 만들었다. 그들이 열망하는 산업적 발전과 새로운 박애적·종교적 사회관계는 사람의 사람에 의한 착취에 기반하지 않으며, 가장 가난한 자들뿐 아니라 결혼 제도 속에서 매춘부에 비견되는 상황에 처한 여성들의 해방을 가능하게 한다. 1830년 혁명 때 생시몽주의자들은 여성의 권리에 대한 민중의 인식을 일깨우는 데 기여한 바 있다. 이는 7월 왕정* 의회에까지 영향을 미쳤다. 그들은 낭만적이고 예언자적 방식으로 여성의 특성과 그들의 재생산 능력을 찬양했다. '최고의 아버지'로 불리는 바르텔미 앙팡탱과 생-아르망 바자르가 창립한 생시몽주의교에서는 '아버지' 옆에 '어머니'가 자리한다. 몇몇 여성 신도들은, 초기 단계에서 노동자들을 대상으로 멋진 연설을 하기 위해 연단에 서기도 했으나, 누구도 신성한 '어머니'로 칭해지는 영광은 얻지 못했다.

여성 생시몽주의자들은 중동 지역에서 그들의 신성한 '어머니'를 찾아나섰으나, 이집트에 약간의 페미니스트의 족적을 남겼을 뿐, 성공하지 못했다. 결국 체계 내에서 발언권을 잃은 이 여성 생시몽주의자들은 자신들만의 고유한 저널을 창간하게 된다.[8]

---

* 1830년 7월 29일 프랑스에서 발발한 7월 혁명 이후 오를레앙의 루이 필리프를 국왕으로 하는 입헌군주제의 왕정. 전형적인 부르주아 지배 체제에서 귀족제의 폐지와 세습제의 폐지 등을 실행했으며, 선거권자는 그전에 비해 두 배로 늘었지만, 그래도 전 국민의 0.6퍼센트에 지나지 않았다. 노동자에게는 권리가 없었고, 그들을 억압하는 산업혁명이 프랑스에서 진행된다. 억압에 대한 저항의 목소리, 보통선거를 요구하는 목소리가 점차 높아지면서, 2월 혁명이 발발했다.

두 명의 젊은 여성 재봉 노동자 마리-렌 귄도르프(1812~1837)와 데지레 베레(1810~1891)는 1832년에 《자유로운 여성 *La Femme Libre*》이라는 신문을 잔 드루앙을 비롯한 여성들과 함께 발행했다. 이후 수잔 부알캉(1801~1877)이 편집장이 된 후 《신여성 *La Femme nouvelle*》이라는 제목으로 바뀌었고, 다시 《여성 연단 *La Tribune des femmes*》으로 바뀐다. 이 저널은 여성들, 특히 기혼 여성들이 겪고 있는 착취와 폭력에 대한 저항, 프롤레타리아의 해방과 재탄생을 위한 운동에 참여하고자 하는 여성들을 결집하는 역할을 했다. 모든 필자들은 이름(성을 제외하고)만으로 서명했다. 1831년 앙팡탱이 쓴 몸과 다자적 사랑에 대한 찬가가 스캔들을 일으키고 생시몽주의 내부에서 심각한 분열을 불러왔을 때, 잡지 필자들은 앙팡탱과 생시몽주의자들에게 쏟아진 '부도덕'이란 세간의 비판으로부터 자신들을 변호하며 법정에선 앙팡탱을 지지하는 입장을 취했다. 프롤레타리아와 특권 계급의 결합을 주장하면서, 그들은 여성도 교육을 받고 불평등한 결혼을 거부하는 것으로 지위 향상을 꾀해야 한다고 호소했다. 또 다른 부류들은 앙팡탱의 교리(주장)를 거부하고, 푸리에주의자인 신교도 외제니 니보예 Eugénie Niboyet(1796~1883)를 따랐다. 그녀는 리옹에서 여성 교육에 관한 잡지인 《여성을 위한 조언 *Le Conseiller des Femmes*》을 발간했다(1833~1834).

페미니스트들이 겪은 첫 번째 사회적 경험은 언론에만 그치지 않았다. 많은 이상주의적 공동체에서 젠더에 관한 새로운 관계들이 실험되었다. 귀즈의 생산협동조합, 장-바티스트 고댕이 로버트 오언의 공동체에서 주창한 푸리에주의자들의 사회주의적 공동체, 노예들을 그들의 노동을 통해 해방하고자 했던 프랜시스 라이트(1795~1852)의 미국 나쇼바Nashoba 공동체 등을 꼽을 수 있다. 자유에 대한 유토피아적 사상은 사회와 정치, 내밀한 인간관계를 연결했다. 프랜시스 라이트 같은 19세기 초의 몇몇 위대한 페미니스트들은 혼인 관계 너머에서 애정생활을 가졌다. 때론 가사노동이나 육아노동에 대한 생각이 공동체의 삶에 개입되기도 했다. 이러한 노동들에 대한 가장 이상적 대안은 공동체가 함께 담당해야 할 것으로 간주되었다.[9]

자유로운 사랑의 모험을 시도한 일부 생시몽주의자들에게, 그들의 경험은 극적인 흥분을 가져다주었지만 그 같은 일탈을 관용할 수 없었던 당시 시대 분위기 속에서 때론 처참한 결말을 부르기도 했다. 클레르 데마르Claire Démar는 〈여성해방을 위한 여성 민중의 호소〉(1833)라는 글에서 자유로운 사랑을 찬미했다. 신은 인간을 끊임없는 욕망과 함께 태어나게 했으므로, 자유로운 사랑이야말로 인간의 본성에 부합하는 일이라는 것이다. 그녀는 사회적 어머니가 자녀를 양육하는 방식을 고민했고, 애인과의 동반자살로 삶을 마감했다. 폴린 롤랑은 혼자서 아버지가 다른 세 명의 자식을 길러야 했다.

1830년대의 프랑스 페미니스트들은 조금씩 사회를 변화시키기 위해 박차를 가했다. 여성에 대한 억압과 프롤레타리아에 대한 억압 사이의 연관성을 확신하게 된 플로라 트리스탄Flora Tristan*은 여성의 권리를 위해 조직된 여성운동보다 자신이 설립한 노동자연맹에 더 몸을 기울이게 되었다. 희망은 유럽에 불어온 '민중의 봄'** 시기에 즈음해 다시 피어나기 시작했다.

여성의 권리와 정치적 요구들

여성들이 전면적으로 합류했던 1848년의 혁명은 두 가지 사안을 중심으로 페미니스트들의 움직임을 불러일으켰다. 노동의 권리와 투표권이 그것이다. 성평등의 전사들은 자신들만의 신문과 클럽들을 만들었다. 프랑스에서 여성해방 클럽과《여성의 목소리》란 제호의 신문, 여성들의 아틀리에들은 여성의 노동권을

---

*   1803~1844. 프랑스 페미니스트 1세대로 1840년대 이뤄진 사회적 토론에서 핵심 인물 중 하나다. 열일곱 살에 결혼해 남편의 공장에서 일했던 그녀는 자신을 미숙한 존재로 취급하며 난폭하게 대하는 남편과 고통스러운 결혼생활을 유지하다가 5년 뒤 남편을 떠났다. 그러나 당시 이혼은 불법이었기에, 여성의 이혼할 권리를 위해 싸워야 했다. 1833년 아버지의 나라인 페루를 여행하고 돌아와서 첫 책을 썼고, 이후 방직공장, 인쇄소 등에서 일하며 노동자이자 문인, 사회주의자, 페미니스트로 살았다. '파리아'라는 필명으로 활동했으며《여성해방과 파리아의 유언》이라는 저서를 유작으로 남겼다.
**   1848년 유럽 전역(프랑스, 독일, 이탈리아, 오스트리아, 헝가리, 폴란드 등)에서 일어난 일련의 혁명.

주장했다. 세탁부, 재봉사, 산파들은 제2공화국에서 선출된 국회의원들에게 일자리와 급여에 대한 요구를 전달했다. 남성들만이 참여하는 보통선거가 시작되었을 때, 페미니스트들의 요구는 선거권에 초점이 맞춰졌다. 1830년대 생시몽주의자들 가운데서 이미 활동을 시작해온 잔 드루앙Jeanne Deroin*은 선거에 입후보하

---

* 1805~1894. 독학으로 교사 자격증을 취득하고 학교를 열어 가난한 가정의 자녀들을 가르쳤다. 모든 태생적 특권을 폐지하기 위해 평생 투쟁했고, 특히 여성 노동자의 권리를 위해 싸웠다. 1831년부터 남성에 의해 지배당한 여성의 지위에 저항하는 글을 여성 저널에 기고했다. "혁명은 유럽을 뒤엎었고, 승리의 찬가가 울려 퍼졌다. 우리는 만인을 위한 자유와 평등을 요구했으나, 여성은 여전히 남성의 노예이며, 프롤레타리아는 여전히 고통과 무지의 굴레를 벗어나지 못하고 있다." "사회생활에 대한 여성의 권리를 허하는 것은 필요할 뿐 아니라 사회주의를 완성하는 유일한 길이다. 그렇지 않다면 혁명이 외친 모든 가치는 무용한 것이 된다. 여성에게 남성과 같은 권리를 거부하는 것은 인류에 대한 모독이다." 1832년 시민결혼식(종교적 결혼식이 아닌)에서 남편의 성을 따르길 거부하고 아내로서 자신의 평등한 지위를 천명한다. 1848년 데지레 게와 함께 신문 《여성의 정치》를 창간, 여성 노동자들의 이해를 대변했고, 같은 해 일어난 2월 혁명 이후 치러진 총선에 출마했다. 후보로서 그녀는 여성해방과 여성 노동자 계급의 정신적·육체적·지적인 상황을 개선하기 위해 목소리를 드높였다. 그녀는 '보통선거'라는 단어에 '남성들의'라는 수식어를 붙인 첫 번째 인물이기도 했다. 1849년 100여 개의 여성 노동자 협회 총회에서 공동 집행위원 다섯 명 중 한 명으로 선출되었으나, 이듬해 노동자 탄압에 나선 정부는 이들을 체포한다. 1851년 출옥한 후 교사 활동을 재개했으나, 다시 체포 위협이 감지되자 런던으로 망명했다. 런던에서도 글을 쓰고 가르치며 자신의 생각을 세상에 전하기를 멈추지 않았던 그녀는 결국 프랑스로 돌아오지 못하고 그곳에서 생을 마감한다.

기 위해 애썼다. 도미에는 그녀의 이러한 시도를 유명한 캐리커처로 그려냈고, 세상은 그 그림을 통해 잔 드루앙의 시도를 오랫동안 비웃었다. 1851년 폴린 롤랑과 잔 드루앙은 투옥된 상태에서 제2회 여성전국대회[10]에 모인 미국의 페미니스트들에게 공개편지를 썼다. 비슷한 움직임이 독일의 여러 연방에서 일어나고 있었다. 독일 여성들은 라헬 파른하겐Rahel Varnhagen이 이끌어가던 것과 같은 19세기 초의 빛나는 살롱 문화를 더 이상 가질 수 없었다. 프랑스에 반기를 든 국가주의가 등장할 때마다 피할 수 없는 절차로 동반되던 여성들에 대한 가부장적 국가주의는 독일 여성들을 철저하게 가정의 영역에 가두었다. 소설가이자 언론인이었던 루이제 오토Louise Otto(1819~1895)는 자신이 만든 《여성저널》에서 여성도 성평등도 배제하지 않는 민주주의를 주장했다.

그러나 신생 의회들은 성평등권에 대한 요구에 침묵했다. 프랑스에서도 클럽(동호인 모임)은 여성에게 금지되어 있었고, 투표권 역시 남성에게만 주어졌다. 유럽 전체에 도래했던 민중의 봄에 가해졌던 반민주적 억압은 혁명적 페미니스트들의 희망을 한동안 종식시켰다.[11]

1860년대에 새로 태어난 노동자 운동은 여성 문제에 관해선 거의 열려 있지 않았다. 프랑스의 아나키스트 피에르-조제프 프루동은 신랄한 안티페미니즘을 발전시키기도 했으며, 여성의 노동권을 반대하는 입장을 선명하게 드러냈다. 쥘리에트 람베르

(1836~1936), 제니 데리쿠르(1809~1875)가 쓴 에세이, 민중 집회에서 폴르 밍크(1839~1901)와 앙드레 레오(소설가 레오디 베라와 동일 인물, 1824~1900) 등의 연설은 프루동의 이러한 생각을 반박했지만, 프루동주의자들의 보수적 입장은 프랑스의 노동운동에 상당한 영향을 끼쳤다. 프랑스 노동자들은 영국과 독일의 노동자들에 비해 당시 막 싹트고 있던 마르크스주의의 영향을 상대적으로 덜 받았다. 마르크스주의는 프롤레타리아에 대한 억압의 구조를 파헤침으로써 여성들이 처한 조건에 대해서도 어느 정도 자각할 수 있게 해주었다. 그러나 유토피아적 사회주의자들과 달리 마르크스주의는 혁명 과정의 핵심 요소로 성평등을 제시하지는 않았다. 경제 구조의 관점에서 여성들의 공장 노동에 대한 가치를 평가했을 뿐, 여성 억압에 저항하는 투쟁은 공산주의가 완결된 이후에 다뤄져야 할 부차적 문제로 간주했다. 한편 프리드리히 엥겔스의 가족에 대한 저작 《가족, 사유재산, 국가의 기원》(1884)과, 과거와 현대의 여성에 대한 아우구스트 베벨의 저작 《여성론》(1879)은 사회주의적 페미니스트들의 관심을 지배하는 결혼과 가족에 대한 비판을 발전시켰다.

그때부터 소수파인 아나키즘이 프루동주의와 자유주의라는 이중의 유산을 물려받게 되었다면, 사회주의는 그들만의 고유한 페미니스트들을 만들어냈다. 사회주의적 페미니즘은 자유주의적 페미니즘에 적대적이고 사회적 불평등에 대해선 관심을 덜 기울였지만, 여성해방이라는 과제에 대해서 훨씬 단호한 태도를 취했다.

　동시에 19세기 전반, 미국과 유럽에서는 저항적인 종교인들의 무리와 자유주의 사상의 흐름 속에서 개혁주의자들의 다양한 흐름들이 발전해가고 있었다.

3. 개혁주의 페미니즘

종교적 열정과 노예제 폐지 운동, 윤리 개혁

반체제 개신교 그룹들의 열정과 미국과 영국의 반개량주의자, 혹은 가톨릭 수도회, 독일 종교개혁 지지자인 개신교도 중에서도 상당수의 여성들이 페미니스트로서의 사명과 활동가로서의 견고한 노하우를 배웠다. 특히 노예제 폐지 운동으로 주목할 만한 인물들이 페미니즘에 첫발을 들였다. 흑인 노예들의 입장을 방어하는 데 중요하게 쓰이는 성경의 평등 원칙이 여성에게는 적용되지 말라는 법이라도 있는가? 여성에게 투표를 허락하지 않고, 여성들의 직설적 발언이 운동의 명분에 오명이라도 남길까 두려워하는 노예제 폐지론자 그룹 내에서 여성들이 배척되는 것을 왜 감내해야 하는가? 여성은 공공 회합에서 발언해선

안 된다는 성 바울의 말을 상기시키며 공공장소에서 여성이 발언하는 것을 악행으로 심판하는 종교적 다수파들의 비판에 어떻게 저항해야 하는가?

이런 유형의 배제와 비판에 직면하게 되자, 가톨릭교회에서는 물론 개신교회 내부에서도 여성의 발언권을 위한 투쟁이 촉발되었다. 퀘이커교도로 1851년 여성 투표권을 위한 첫 번째 팸플릿을 작성한 바 있는 영국인 앤 나이트Anne Knight(1786~1862), 여성 참정권주의의 개척자 루크레티아 모트Lucretia Mott(1793~1880), 루시 스톤Lucy Stone(1818~1893) 같은 미국 여성들의 경우가 바로 그런 사례였다. 거대한 노예 소유주 가문인 그림케가Grimké의 자매인 세라(1792~1873)와 앤젤리나(1805~1879)는 장로교 신도들인 가문 사람들과의 관계까지 단절하면서, 노예제 폐지 운동과 여성의 권리를 위한 투쟁에 헌신했다. 자매는 퀘이커교의 평등에 입각한 종교적 시선에서 이 두 가지를 밀접하게 연결하고 있었다. 세라는 1837년 〈성평등에 관한 서한〉을 통해 견고한 평등주의의 신학적 논거를 발표했고, 이는 곧 종교적 페미니즘의 출현을 알리는 신호탄이 되었다. 대중 앞에서 처음으로 발언한 아프리카계 미국 여성인 마리아 스튜어트Maria Stewart 또한 노예의 권리와 여성의 권리를 함께 언급했다.[12] 뛰어난 지성인이자 언론인인 마거릿 풀러(1810~1850)는 선험주의자로서의 확신을 통해 이 두 가지를 연결 지었다. 철학자 랠프 왈도 에머슨*이 주도하는 모임의 회원이며, 10년 반 동안 잡지 편집인을 역임했던 그녀는 여성의 평등권, 특히 여성이 누려야 할 내적 자유, 개인적·정신적 자립에 대한 논거를 완성하는 데, 에머슨의 철학 사상에서 영감을 받았다. 〈19세기의 여성〉(1845)이라는 글에서 성평등에 우호적인 탁월한 여성이나 커플들에 대해 언급하기에 앞서, 그녀는 '성평등이 이뤄진다면, 여성은 가정을 벗어날 것이며 매력과 부드러움을 잃게 될 것이다. 권리를 지키는 것은 그들의 역할이 아니다'라는 가장 흔한 반페미니스트적 논거를 반박했다.

성차별주의자들과 인종차별주의자들의 막강한 압력에도 불구하고, 노예 출신인 소저너 트루스Sojourner Truth(1797?~1883), 해리엇 터브먼Harriot Tubmannm(1820?~1913) 같은 이들은 노예제 폐지와 여성의 권리를 주장하는 연설을 했다. 이들은 초기의 사료 편찬자들에게는 주목받지 못했지만 1970년대 아프리카계 미국 여성들의 블랙 페미니즘에 의해 재발견되었다. 이후 그들은 추앙받는 인물이 되었으며, 심지어 미국 여성의 선거권 획득 100년을 맞아 2020년에 발행되는 20달러 지폐에 들어갈 예

---

* 　1803~1882. 미국 보스턴 태생으로, 성직자였으나 교회와의 불화로 성직을 떠나 철학자, 저술가, 시인으로 살았다. 물질보다 정신에 가치를 두며, 정신과 물질의 관계를 철학의 영원한 문제로 보고 초월론을 주장했다. 인간 내면의 소리를 중요하게 여겨 직관에 의지해 진리에 접근하고자 했으며, 영적 비전을 담은 글로 후세의 문인들에게 깊은 영향을 미쳤다. 빈자의 편에 서서 부르주아들을 비난했고, 노예제 폐지론자였다. 저서로《자연론》,《대표적 위인론》등이 있다.

정이었다. 그러나 이 결정은 도널드 트럼프에 의해 취소되었다. 1851년 여성들의 권리를 위해 열린 회합에서 소저너 트루스가 한 연설은 유명해졌다. 글을 모르는 트루스는 연설 원고를 남기지 않았으나, 그녀의 연설은 당시 언론 기사들과, 뒤늦게 이뤄진 서로 조금씩 다른 재필사본들을 바탕으로 재구성되었다. 중요한 사실은, 노예 출신의 한 흑인 여성이 대중 앞에서 성평등을 주장하며 한 발언이 여성은 연약한 존재라고 말하는 반페미니스트들에게 완벽한 해답을 제시했다는 점이다. 트루스는 흑인 여성 노예로서의 경험을 전면에 내세웠으며, 여성이자 흑인이며 노예였던 자신의 시각에서 완성한 독특한 페미니스트로서의 관점을 드러낸다.

노예제 폐지론자들의 운동을 성평등을 위한 운동으로 확대해나가는 방향은 전체적 합의를 얻지는 못했다. 이러한 현상은 특히 영국에서 두드러졌다. 노예제 폐지를 위한 국제협의회가 1840년 런던에서 열렸을 때, 저명한 연설가이자 퀘이커교 자유파의 일원이며, 윌리엄 로이드 개리슨과 함께 노예제 폐지 운동의 선봉에 섰던 루크레티아 모토를 비롯한 미국 여성들의 발언은 모두 금지되었다.

이에 노예제 폐지론자인 남편과 신혼여행 중이던 엘리자베스 캐디 스탠턴(1815~1902)은 모욕감을 느꼈고, 이를 계기로 루크레티아 모트를 만나게 되었다.[13] 두 여성은 8년 뒤 뉴욕주의 작은 도시인 세니커폴스에서 여성인권대회를 개최했다. 이 대회가—미국 투표권 운동의 선구자들이 바랐던 것처럼— 북미 페미니즘의 기원으로까지 기록되지는 않았으나, 이 대회에서 채택된 감정 선언문(Declaration of Sentiments, 1848)과 함께, 매우 중요한 순간으로 간주되는 것은 분명하다. 이 선언문은 특히 루크레티아 모트 같은 퀘이커교도 계열의 노예제 폐지론자들로부터 쏟아져 나온, 평등주의를 요구하는 숱한 글들과 요구들 속에서 재평가되어야 할 것이다. 루크레티아 모트는 당시 필라델피아에서 반노예제 여성들의 모임을 설립하고, 원주민들에 대한 반대 차별 운동에도 나섰다.[14] 엘리자베스 스탠턴의 역할 또한 이때부터 상대화되었다. 이 선언문이 폭발적인 글이었고 지속적인 집단 조직을 구성할 수 있게 해준 지표가 되었다는 점은 분명하다. 미국 독립선언문에서 영감을 받은 이 결의안은 결혼과 이혼 제도 개혁의 필요성, 재산권, 육아 등 모든 영역에서 공식 선언되어야 할 여성의 권리를 요구했다. 이 중에서 선거권에 관한 대목은 가장 큰 저항을 불러일으켰다. 이 선언문에 담긴 결의안들은 아프리카계 미국인 노예제 폐지론자 프레더릭 더글러스(1817?~1895)의 지지에 힘입어 통과되었다.

자유주의적 사회주의자들의 유토피아와는 거리가 먼, 여성인권 운동은 윤리개혁운동과 종교적·박애적인 노예 폐지론자들, 혹은 알코올 반대론자들의 참여를 통해 자극과 영감을 받았다. 여기에 참여한 여성 활동가들은 여전히 가사노동이 자신들의 고유 영역이라는 사고에서 벗어나지 못했음에도 불구하고,

가족 내에서의 평등권을 쟁취하겠다는 야심 속에서 남편에게
복종하는 정숙한 '참 여인'의 이상과 극단적으로 결별했다.

자유주의 페미니즘의 등장

유럽에서 시작된 여성에 대한 불평등과 편견에 대한 폭로는
1850~1860년대의 자유주의 사상으로부터 영감을 받으면서 새
로운 전환점을 맞는다. 이 무렵 여성 인권을 다루는 수많은 글
과 컨퍼런스, 언론, 서명운동들이 쏟아져 나왔다.

프랑스에선 철학자 마리아 드레즈메Maria Deraismes(1828~1894)
가 프리메이슨이 초대한 컨퍼런스에서 제2제정의 레옹 리셰르
(1824~1911)에 맞서면서 여러 차례 목소리를 내왔다. 마리아 드
레즈메는 탁월한 솜씨로 여성 인권과 평등이라는 개념을 둘러
싸고, 제3공화국의 페미니즘이 드러내는 문제점들을 제기했다.
그녀의 논점은 열등한 존재라는 편견에 맞서 싸웠으며, 자립적
이고 자유로운 개인으로서의 칸트식 인간형을 여성에게 대입시
켜 발전시킨다. 마리아 드레즈메는 여성도 수준 높은 교육을 받
을 수 있어야 하며, 공적이고 남성적인 세상과 사적이고 여성적
인 세상이라는 이분법에 휘둘리지 않고, 자기 운명을 스스로 선
택하는 여성상을 제시했다. 이는 파리 코뮌(1871)에 참가했던 앙
드레 레오가 주장해온 사회주의 페미니즘과는 구별되는 접근이

었다. 사회주의 페미니즘에 대한 잔인한 억압이 프랑스 페미니스트들을 충격으로 몰아넣었고, 그들에 대한 사면까지 요구하게 되었다(1880).

1891년에 이르러 자신의 저작을 발간한 마리아 드레즈메의 성공은 프랑스에 국한되어 있었다. 이후 남녀 공동 프리메이슨의 첫 번째 지부(인간의 권리 le Droit Humain,[15] 1893)의 공동 창립자로서 일정한 세계적 명성을 얻게 된다. 반면 영국의 자유주의 페미니즘은 존 스튜어트 밀(1806~1873)과 해리엇 테일러(1807~1858)의 저작을 통해 국제적 위상을 획득한다.

메리 울스턴크래프트의 계보를 잇는 평등적 자유주의 사상은 공리주의 철학에 영향을 받은 유니테리언 교도들 사이에서 발전했다. 《자유론》의 저명한 저자 존 스튜어트 밀이 자서전과 또 다른 저작들에서 아내—오랫동안 연모하던 여인이었고 그녀가 미망인이 되자 결혼(1849)했다—와의 지적인 협력을 통해 자신의 저작이 완성되었음을 명백히 주장한 바 있지만, 그의 전기들은 이 같은 아내의 영향을 전혀 진지하게 다루지 않았다. 페미니스트 역사가들은 반대로 스튜어트 밀의 여성에 대한 저작에서 그의 아내 해리엇의 공을 명백한 것으로 본다. 두 사람은 1830년 윌리엄 폭스 목사의 유니테리언 모임에서 만났다. 해리엇뿐 아니라 그녀의 딸 헬렌 테일러[16]의 영향도 받았다고 역사가들은 평가한다. 해리엇과 존 스튜어트 밀은 1832년에 밀의 서명만 담긴 결혼과 이혼에 관한 세 편의 글을 발표한다. 1851년에도 해리엇은 밀의 서명만 있는 〈여성 참정권〉이라는 글을 발표하는데, 거기서 그녀는 세니커폴스 선언문에 대해 언급하고 있다. 해리엇이 죽은 뒤인 1869년, 그 유명한 저서 《여성의 종속》이 발간되었다. 이는 존 스튜어트 밀과 해리엇 테일러가 나눠온 모든 토론들이 빚어낸 결실이었다. 행복과 근대성을 향한 인류 진보의 이름으로, 밀은 개인의 삶이 더 이상 출생과 함께 결정되지 않는 사회에서, 여성 혹은 남성이라는 사실이 완벽한 평등에 장애가 되어선 안 된다고 주장했다.

저자는 남성의 지배, 여성의 복종과 희생을 본능적으로 정당화하는 편견에 맞서 싸울 것을 요구했다. 여성의 본성에 대한 잘못된 선입견에 항변하고, 여성이 자신의 목소리를 세상에 내야 하며, 여성에게도 교육의 기회가 주어져야 한다고 주장한 밀의 저서는 하나의 사건이 되었고, 전 유럽에서 자유주의 페미니즘의 중요한 참고 서적이 되었다.

밀이 다룬 주제는 그의 스웨덴 친구인 프레데리카 브레메르Frederika Bremer의 책 《헤르타》(1856)에 언급되었고, 노르웨이의 카밀라 콜레트Camilla Collett(1813~1895) 등의 여성 소설가들에 의해서도 다뤄졌다. 카밀라 콜레트 역시 《여성의 종속》의 저자인 밀로부터 영향을 받았다. 이러한 소설들은 자립과 자유로운 애정생활을 갈망하는 여성 주체성의 출현에 민감하게 반응하는 여러 세대에 영향을 미쳤다. 이 같은 자유에 대한 갈망은 곧바로 반향을 일으켜서, 평등과 여성 인권을 요구하는 첫 번째 집회가 열리게 했다. 단 민간 차원에서 다양한 시도들이 이뤄지고 있던 소녀들에 대한 교육은 논의에서 제외되었다. 시민들의 정치 의식은 여전히 페미니즘을 위해 움직이지 않고 있었다.

2부 국제화의 시기

1860 – 1945

4. 국가적, 국제적으로 확산된 집단 역동성

자립을 찾아서

여성 인권 신장을 위한 국가적·국제적 차원에서의 집단적 조직망의 발전은 1860~1940년 시기 페미니즘의 특징을 규정한다. 이 시기 '여성들의 문제'는 사회적 토론의 주제가 되었다. 페미니즘은 남북전쟁 이후 미국 전역에서, 1860년 이후부터는 모든 유럽에서, 심지어 식민지에서도 그 지리적 확장을 거듭해나갔다. 이러한 페미니즘의 출현은 '페미니즘'이라는 단어의 확산과 맥락을 같이한다. 처음엔 프랑스에서, 곧이어 유럽, 미국, 라틴 아메리카, 중동, 아시아로 페미니즘이란 단어가 퍼져 나갔다. 어디에서든 페미니즘은 중상 모략자들에 의해 수상쩍은 유입물로 지목되면서 고발의 대상이 되었다. 페미니즘은 국가, 국제사회의 사회적·경제적·정치적 변화와 긴밀한 관계를 맺고 있었다. 개인주의적인 도시 중산층의 출현과 함께 점점 더 많은 여성들이 성평등에 대한 욕망을 표현하기 시작했다.

이들은 생계를 스스로 책임져야 하는 현실적 의무 혹은 바람을 가장 강하게 지녔던 여성들이며, 동시에 그 가능성과 그들의 희망 앞에 놓인 한계들을 인식하게 된 이들이기도 하다. 여성의 초·중등교육의 진보와 대학 진학, 엘리트 계층에 국한되어 있긴 하지만 전문 자유직 혹은 제3의 영역으로의 진입은 여성 인권 운동에 참여하는 여성의 수를 늘리는 데 기여했다. 서민층 여성들 가운데서도 이중의 착취, 즉 일터에서는 노동자로서, 집에서는 여전히 가사노동을 전담하도록 하는 요구를 거부하는 이들이 생겨났다. 직업 교육과 직업적인 진로의 부족, 낮은 임금, 시민권으로부터의 배제, 남편에게 모든 권력을 부여하고 아내는 미성년자로 간주되는 결혼과 관련한 법적 지위, 이혼의 금지와 출산에 대한 통제. 이 모든 것을 어떻게 감내할 수 있을까? 일부다처제, 축첩제가 공공연히 받아들여지고 있는 사회에서 말이다. 공공장소에서 여성들의 사소한 행동 하나까지 정숙함과 종교, 윤리의 이름으로 제한하고 그들의 여성성에 대해 경직된 태도로 평가절하하는 것을 받아들여야 하는가? 여성의 주장은 전혀 받아들여지지 않는다는 사실을 어떻게 참을 수 있는가? 모든 영역에 걸친 불평등은 맥락에 따라 조금씩 다른 수준으로 확산되어 있었다. 이런 상황에서 여성 인권을 위한 집단적인 운동의 출현은 하나의 사건이었다. 이때부터 여성운동은 사회·정치운동과 마찬가지로 좀 더 중요한 차원에서 펼쳐지게 되었다.[17]

자유주의와 민주주의의 진보가 있는 곳에서 페미니즘은 싹을 틔웠다. 국가적·국제적 차원에서 지속적으로 이어진 여성해방운동은 가장 억압적인 젠더 규범에 있어서의 평등의 문제를 법제화하고 여성의 집단적이고도 개인적인 해방을 위한 투쟁을 지속해갔다. 사회주의자들과 혁명주의자들, 혹은 반식민적 국가주의자, 반독재 투쟁가들의 운동 또한 페미니스트들이 성장할 수 있는 기름진 토양이었다. 유럽에서 국민국가의 설립과 사회적 불평등에 대한 비판, 식민지에서의 제국주의에 저항하는 투쟁, 혹은 민주주의를 위한 투쟁 등 모든 여성 인권에 호의적인 사회운동들은 기존의 정치·종교적 문화뿐 아니라, 성평등에 관해 완고한 태도를 보이는 기존의 관습과도 싸워야 했다. 그들은 여성 폄하 정서에 부딪혔을 뿐 아니라, 조국이나 신성한 존재를 위해 헌신하고 희생하는 모성적 존재에 대한 가치 부여와 충돌하기도 했다. 그럼에도 불구하고 많은 페미니스트들은 해방자로서 자신을 위치시키고자 했다. 근대성과 진보라는 두 가지 이상이 결합하면서 이 운동은 점점 더 많은 여성들을 설득해나갔으며, 작은 규모였으나 보편적 이상주의(한 개인으로서)와 구별주의자(여성이 가진 자질들을 존중하는 입장에서)의 이종교배 속에서 남성 페미니스트들도 일부 존재했다. 그러나 이들의 성장은 지속되지 못했다. 그것은 역사적 단절, 국가적 해방, 혁명, 경제위기 등에 밀접하게 종속되어 있었다. 이탈리아와 독일, 포르투갈, 스페인에서의 전체주의와 독재, 정치적 탄압, 군사적 갈등 등은 여성주의 운동을 사라지게 하거나 잠들게 만들었다.

자립을 찾아나선 페미니즘 운동은 표현의 자유와 집회의 자유가 새로운 언론의 창간과 회합을 허용할 때 탄생하고, 재탄생했다.

페미니스트 그룹은 정당의 형태라기보다는 여러 다양한 의도들이 만나 때론 서로 경쟁하기도 하는, 사람들의 집단적 활력이 응집된 형태였다. 일반적으로 카리스마 있는 한 명의 인물이나 특정한 요구를 중심으로 모임이 형성되곤 했다. 언론은 공동의 생각을 널리 알리는 데 핵심적인 역할을 했으며, 이들이 서로 정치적 연계를 맺게 해주었다. 정치활동의 형태는 서로 비슷했다. 언론 이외에 서명운동, 소설, 포스터, 전단, 노래, 시, 회합, 토론회, 거리 집회(20세기), 총회 등이 사용되었다. 미국에서는 여성대회 같은 모임이 1848년 세니커폴스 회합 이후 정기적으로 개최되었고, 남북전쟁(1861~1865)으로 잠시 중단되었다 재개되었다. 유럽에서는 1860년부터, 라틴아메리카와 아시아에서는 19세기에서 20세기로 넘어가는 시점에, 역시 수많은 단체들과 국가주의 색채가 제호에서 드러나는 신문들이 생겨났다. 집단적 도약은 국제적인 페미니스트 운동의 현황을 통해 자극되곤 했다. 그리하여 첫 번째 회합은 존 스튜어트 밀의 저작《여성의 종속》(1869)이 유럽의 모든 언어로 번역된 것을 계기로 이뤄졌다. 1873년에는 칠레의 지식인 마르티나 바로스 드 오레고 (1850~1944)가 스페인어로 번역했고, 일본에서도 1879년에 번역 이 이뤄졌다.

수많은 여성들은 이미 집단적 행동에 참여한 경험이 있었다. 여성 교육을 위한 투쟁(기독교는 여성에 대해서도 같은 미션을 수행하라는 요구), 문학 서클, 인도주의 활동, 구호 활동, 반알코올주의 투쟁, 도덕 개혁 혹은 평화주의 활동 차원에서 이뤄진 교도소 개혁, 노예제 폐지 운동 등이 그것이며, 1875년부터는 영국인 조세핀 버틀러가 설립한 국제노예폐지연맹 차원에서 매춘의 규제 에 반하는 운동도 전개되었다.

그 밖에 노조 활동, 민주주의를 위한 정치 참여, 국가적 해방 혹은 혁명적 투쟁을 위한 사회주의 혹은 공산주의를 위한 정 치 참여는 물론, 평등주의로 해석되는 종교적 신념들까지도 모 두 페미니즘이 성장하는 밑거름이 되었다. 이 같은 이력의 다양 성에 사회적·인종적·종교적·문화적 분열이 더해지면서 운동에 이질적 요인과 갈등적 요소를 낳기도 했다. 그리하여 여성들 사 이에 공통의 연대를 확인하는 것이 매우 중요한 일이 되었다. 자 유주의를 호흡하는 모든 운동들은 여성 인권의 법률적·정치적 영역을 건설하고, 보편적인 여성 연대의 이상을 꿈꾸면서 '여성 들'의 상상의 공동체를 만들고자 했다. 이러한 제안들은 여성들 사이의 연대는 불가능하다는 상식과 남녀 불평등을 부정하는 사고를 벗어던지게 해주었다. 여성들 간의 집단적 정체성의 매개가 되어온 운동들은 구성원들 간의 사회성이 확대되고 연대가 이뤄지며 페미니스트 문화가 펼쳐지는 공간인 동시에 초국가적 지대이기도 했다. 권력 쟁취가 목적이 아니라, 여성이 차별받는 모든 영역에서의 권력 관계를 무력화하는 것이 목적이었다. 남녀가 섞이지 않은 운동이라고 종종 생각되지만, 페미니즘 운동에는 사실 남성들도 참여했다. 드물게 리더의 역할을 하는 경우도 있었고, 대체로 적극적인 활동가들이었으며, 때때로 여성 활동가의 남편이거나 동반자였다. 그들은 성평등 투쟁의 윤리적·정치적·인간적 측면에 대해 확신하는 사람들이었다. 그들의 중계자 역할은 배타적으로 남성적인 영역, 지적·정치적·미디어적인 영역에 접근하는 데 필수불가결한 것이기도 했다.

이 같은 자발적 운동의 출현에 맞서 사회·정치·종교 세력들이 조직되면서 여성이 반드시 남성과 동등한 시민의 권리를 획득하길 바라진 않더라도, 여성에게도 사회적 역할을 부여해야 한다는 인식이 싹트기 시작했다. 이러한 상황에서 가톨릭 여성 신자들은 관습과 윤리의 영역에서 교회의 패권에 도전하는 세속적 페미니즘에 맞설 것을 요청받게 되었다.

사회주의자들의 다양한 계파들 역시 여성들을 움직이기 위한 방법을 모색했다. 그들은 수차례에 걸쳐 총회에서 성평등의 원칙을 채택하고 성평등을 위한 개혁을 지지하면서도 언제나 계급투쟁과 반자본주의를 첫 번째 목적으로 삼았다. 부르주아와 노동자 사이의 계급 분화는 넘어설 수 없는 문제로 간주되었다.

'부르주아적'으로 평가되던 페미니즘에 대한 반기는, 국경을 초월하는 뿌리 깊은 분열이 시작되자마자 등장했다. 특히 제2인터내셔널과 독일 사회주의자들이 이를 부추기는 역할을 했다.

1907년 슈투트가르트에서 열린 사회주의 여성들의 국제 총회에서, 1892년 신문 《평등》을 창간한 클라라 체트킨Clara Zetkin[*]은 사회주의자들에게 페미니스트 활동을 내던지고 여성 참정권 운동에 참여할 것을 촉구했다. 관건은 노동자 조직이기도 했다. 독일 사회주의자들은 유럽에서 필적할 상대가 없을 만큼 성공적으로 조직들을 만들어갔다. 일부 활동가들은 자신의 페미니스트와 사회주의자로서의 신념을 화해시키려 시도했다. 그러나

---

[*]   1857~1933. 독일의 교사, 저널리스트, 정치인, 사회주의 계열의 페미니스트. 페미니스트인 어머니의 영향으로 여권 신장을 중시하는 학교에 들어가 일찌감치 페미니즘에 눈을 떴다. 독일 사민당의 대의원으로 활동하던 그녀는 1892년 신문 《평등》의 편집장을 맡아 1917년까지 역임했다. 여성 사회주의 인터내셔널에서 1907년부터 10년간 대표를 역임하며 로자 룩셈부르크와 함께 여성 사회주의 인터내셔널을 이끌었으며, 1910년 코펜하겐에서 열린 2차 세계사회주의여성대회를 통해 3월 8일을 '세계 여성의 날'로 지정했다. 오늘날 전 세계에서 기념하고 있는 세계 여성의 날의 효시인 셈이다. 사민당이 1차 세계대전 참전 입장을 취하자 로자 룩셈부르크와 함께 탈퇴했다. 1918년 독일 혁명이 여성에게 참정권을 부여한 후, 1920년 공산당 국회의원이 되어 1933년까지 활동했다. 나치당이 권력을 잡으면서 공산당 활동이 금지되자, 소련으로 망명했다. 부르주아 페미니즘에 반대하는 마르크스주의 여성해방론에 입각한 노동계급의 여성해방운동을 조직하고 실천함으로써, 마르크스주의 여성해방운동사에 중요한 족적을 남겼다.

정치 기구와 노조 조직들은 대부분 페미니스트들의 독자적 활동에 반감을 가졌을 뿐만 아니라, 지나치게 극단적이라는 평가를 받는 수많은 문제 제기들, 페미니스트들이 제시한 의견들, 지나치게 자유분방한 분위기에 대해 적대적 태도를 드러냈다. 러시아 혁명과 공산당의 설립은 한층 더 깊은 분리를 가져왔다. 공산주의의 핵심 사상에 따르자면, 교육, 직업적 평등, 시민권, 정치, 가족 구성, 가사노동, 자유로운 출산 같은 몇 가지 개혁 주제에 대해서, 자유주의 국가 내에서 공산주의자들과 페미니스트들의 공조는 가능한 일이었다. 그러나 이 모든 것은 스탈린이 출산 장려주의자로 돌변한 1930년 이전의 일이다.

공산주의 체제에서 성평등에 대한 요구가 실천된 바가 있다면, 그것은 집단지도 체제의 프로젝트 내에서였을 뿐, 실질적으론 여성해방도, 가부장제의 폐지도 시도되지 않았다. 독일의 로자 룩셈부르크나 러시아의 알렉산드라 콜론타이, 중국의 학생 혁명가 추근秋瑾* 같은 신여성들이 요구했던 평등한 세상에 대한

---

* 1875~1907. 청나라 말기의 혁명가이자, 여성운동가, 시인. 어려서부터 문무를 익힌 그녀는 1902년 남편을 따라 베이징으로 갔다가, 제국주의 열강이 베이징을 약탈하고 중국인들을 살해하는 모습을 목격하고는 나라를 구하는 일에 투신하기로 결심한다. 일본으로 건너가 도쿄에서 결성된 삼합회에 가입해 사격과 폭탄제조법을 익히고, 중국으로 돌아와 고향에서 교사로 활동하다가 상하이로 근거지를 옮겨《중국여보中國女報》를 발간하며 혁명활동을 전개했다. 여자도 학문을 배워 남자에 의지하지 않고 자립해야 한다며 교육의 중요성을 역설했다. 상하이에서 비밀결사를 결성해 무장 봉기를 계획하다가

유토피아는 집권 체제가 자리를 잡고 난 후엔 불발되었다. 경제적·이데올로기적 요구들만이 개혁의 우선순위를 차지했다. 이런 국가들이 이끌어갔던 정치를 뭐라 지칭해야 할까? 1930년 이란에서 일어난 백색혁명 때 자치적 여성운동이 유독 탄압을 받았던 이유는 무엇일까? 그럼에도 불구하고 우리는 '페미니즘 정부'를 말할 수 있을까? 여성해방 프로젝트를 가진 권위주의 정부의 평등정책, 교육정책과 같은 특정 영역에서 이뤄진 구체적인 효과를 인정하면서, 그 차이를 구분해야 할 것 같다. 민주주의의 확대라는 차원에서, 사회주의와 공산주의 혹은 반제국주의적 좌파 정치세력이 성평등을 지향하는 사법개혁 프로젝트를 지지하는 필수불가결한 원군이라는 사실은 분명하다. 그러나 실망을 주는 경우도 많았다. 공동의 행동을 해야 하거나, 집단적 정체성을 강화할 필요가 있거나, 여성의 자율성[18]에 관한 주제에 부딪히면 힘은 곧바로 흩어지곤 했다.

여성의 권리를 위한 운동의 확대는 점점 더 중도 성향, 심지어는 보수적인 정치인들의 가세를 부추겼다. 이 분파에 대한 평가 또한 역사적 논쟁거리다. 일군의 페미니스트들은 종교의 깃발 아래 모여들어 가톨릭 페미니즘, 프로테스탄트 혹은 유대인 페

발각되어 처형되었다. 여성 혁명가로 활동했던 추근의 처형은 사회적으로 커다란 반향을 불러왔고, 추근은 이후 중국 혁명운동의 정신적인 지주로 남게 된다.

미니즘 등을 주창하기도 했다. 1893년 미국에선 여성유대인국가회의가 창설되었고, 1912년에는 여성유대인국제회의가 창설되었다.[19] 이슬람 국가들, 유교권 국가들, 힌두교 국가들에서 페미니스트들은 종교적 전통을 단숨에 거부하는 경우가 드물었다. 오히려 그들의 종교적 전통이 성평등주의에 부합한다고 생각했다. 이러한 사고는 신랄한 비판을 받곤 했다. 종교적 보수성에 맞선 반교권주의 페미니스트들의 대응은 반종교주의의 어조를 띠곤 했다. 유럽이나 라틴아메리카 가톨릭에 대해서는 더욱 명료한 방식으로 반대 색채를 띠었다.

1930년대엔 국가주의자와 국가사회주의자들의 시도가 페미니즘을 점령했다.[20] 이러한 시도는 일반적으로 정치 그룹에서 고립되고 거부당한 인물들이 주도한 것으로, 이들은 권위주의 체제에 순응하며 그 속에서 특권적 지위를 누리던 여성들을 앞세우며 인종주의를 적용했다. 이 같은 다양성 속에서도 여성 인권운동들은 국가적 차원에서 조직되어갔으며, 국제적 조직망도 만들어나갔다.

국제 조직들

이미 19세기 초부터 존재하던 국제 페미니즘 운동의 역동성은 번역 출간, 유명인사들의 이동, 망명, 국제회의를 통한 만남, 언론들의 기사와 사진들을 통해 점점 강화되어갔다.

많은 페미니스트 활동가들은 이미 음주절제 운동을 지지 (일본에서도)하고 매춘 규제에 반하는 개신교적 영감을 받은 운동을 통해 국제 조직의 경험을 가지고 있었다. 페미니스트 이념과 실천은 국제총회를 통해서 퍼져 나갔다. 첫 번째 총회는 1878년 파리에서 열렸다. 프랑스 페미니스트 개척자에 해당하는 레옹 리셰르와 마리아 드레즈메의 주도로 이뤄진 일이었다. 10년 뒤 세니커폴스 선언 40주년을 축하하는 모임에서 국제여성연합(ICW)이 설립되었다. 이 총회는 세계 각국의 여성단체들을 통합해 연맹을 결성하고자 했다. 메이 라이트 슈얼May Wright Sewell(1844~1920)은 미국에서와 같이 유럽에도 종교적·인도주의적 혹은 다양한 당파적 감수성을 가진 대규모 여성운동을 활성화하기 위해 유럽 전역을 누비고 다녔다. 이 같은 시도들은 중립적, 심지어는 보수적인 자선활동 단체들(대부분의 경우)까지 결집시키는 효과를 가져왔다. 이들은 이제 여성의 의무뿐만 아니라, 여성의 권리에 대해서도 고민하기 시작했다. 이는 여성과 성평등에 관한 법안이 제시될 수 있는 가능성을 강화했다. 프랑스에선 미국 지도자들과 종교적으로 결합되어 있는 유대계 인도주의 단체와 특히 개신교 인도주의 단체가 평등주의적 페미니스트들을 조직하는 데 주도적 역할을 했다. 반유대주의 성향을 가진 가톨릭 단체들은 이들의 요구를 거부했다. 1914년 전 세계에 23개의 국가위원회가 설립되었고, 그중 20개는 유럽과 북미에, 3개는 나머지 지역(오스트레일리아에 1899년, 아르헨티나에 1901년,

남아프리카공화국에 1913년)에 있었다. 1939년에는 유럽과 남미(페루에 1926년, 브라질에 1927년)에 13개가 더 생겼고, 서남아프리카에(1938)에도 더 생겨났다.[21]

국제여성연합은 귀족 출신 혹은 부르주아 여성들의 지휘 아래 시민 인권, 평화, 건강, 매춘, 이민, 수질 오염과 같은 광범위한 문제들을 다루며, 국가적·국제적으로 확대된 공감을 얻을 수 있었다(1933). 국제여성연합의 지나친 신중함, 특히 참정권에 대한 소극적 태도에 불만을 품었던 린다 구스타바 헤이만Linda Gustava Heymann(1868~1943)과 아니타 아우크스푸르크Anita Augspurg(1857~1943)는 1902년 여성참정권국제연대(AISF) 결성을 제안했고, 1904년에 공식적으로 창설된다(공식 명칭은 여성국제연대(IAW)). 미국 여성인 캐리 채프먼 캐트Carrie Chapman Catt(1859~1947)가 1904년부터 1923년까지 대표를 맡은 이 단체는 2년에 한 번씩 총회를 열어 《투표권Jus Suffragii》이란 이름의 저널을 발행했다. 여성국제연대의 남성 지지자들은 그들 나름대로 1909년 런던에서 여성 참정권을 위한 국제유권자연맹을 설립하고 여러 나라에 지부를 만들었다. 여성국제연대 지부의 창설은 여러 나라에서 참정권 운동의 촉진제가 되었다. 여성 저널 《라 프랑세즈La française》의 편집장인 제인 미즈메Jane Misme와 1936년 레옹 블룸 정부에 의해 임명된 세 명의 정무차관 중 한 명이던 세실 브륀스비크를 중심으로 프랑스에도 1909년 여성국제연대 지부가 설립되었다. 국제여성참정권운동은 운동의 개척자들이 구사했던 것보다 덜 개인주의적인 논거를 발전시켜갔고, '사회적 재앙'들에 저항하는 여성들의 가정 내 역할에 가치를 부여했다. 국제여성연합보다 더 확대된 조직인 여성국제연대(IAW)는 1913년에 26개의 지부를, 1929년에는 50개의 지부를 둔 조직이 되었다.[22] 특히 쿠바, 중국, 로디지아(짐바브웨의 옛 이름), 이집트, 시리아, 터키 등 국제여성연합 지부가 없는 여러 나라에 진출하게 되었다.

1차 세계대전 이후 많은 나라에서 여성들이 정치적 평등을 얻게 되면서, 여성국제연대는 시민권과 평화주의로 프로그램을 확대했다. 국제적 역동성은 보다 권역화되어갔다. 가령 남미 최초로 국제 페미니스트 총회가 1910년 부에노스아이레스에서 개최되었다.[23] 이 여성 네트워크들은 1928년 여성들의 범태평양 협회를 결성하게 된다. 이는 전 아시아를 아우르는 페미니스트 조직으로 영국-인도권의 여성운동가들에 의해 1931년에 창설되었고, 1935년에는 아프리카여성국민회의가 창설되었다. 범아프리카적 관점에서, 아프리카계 미국인들은 1922년 미국에 '다커레이시스Darker Races'란 이름의 여성국제회의를 설립한다.

군사적 갈등은 국제주의자들에게 혹독한 시련의 시간이었다. 1914년 대다수의 페미니스트들은 애국주의적 노력의 당사자들이기도 했다. 일부 평화주의자들은 그럼에도 불구하고, 1915년 헤이그에서 열린 회의에서 만났다. 이때의 만남은 더욱 극단적인 페미니스트의 성격을 띠고, 사회주의와 공산주의 사상에 근접하며 파시즘과 나치즘에 반대하는, '평화와 자유를 위한 국제 여성연맹'을 탄생시키게 된다(1919). 이 같은 국제 페미니스트 운동의 역동성은 새로운 국제연맹에도 동력을 제공했다. 여기서 활동하는 다수의 유명인사들은 여성 밀매, 기혼 여성의 국적, 여성 경찰 창설과 같은 사회 문제들을 다루는 위원회를 조직해 활발하게 운동을 전개해나갔다.

1937년 여성의 지위에 관한 위원회가 발족했으나, 성평등을 기본 원칙으로 삼는 데에는 실패했다.

수차례의 내부 분열이 조직을 약화시키긴 했으나, 이 조직들이 수행한 법률적 작업과 문제 제기의 중요성은 괄목할 만하다. 수많은 정치적 반대 입장 외에도, 1914년 이전에 여성운동에 입문한 미국이나 유럽계 엘리트들인 지도자들이 노령화됨에 따라 젊은 구성원들과의 세대적 격차로 인한 조직 내부의 갈등은 더욱 깊어갔다. 여성연대는 이로써 사회적·인종적·식민지적 긴장에 의한 시련을 맞이하게 된다. 남미와 아시아, 아프리카 국가들과의 온전한 통합은 그리 쉬운 일이 아니었다. 게다가 양차 세계대전 사이에 창궐한 유럽의 제국주의 이데올로기의 승리는 페미니스트들의 모호한 전략을 폭로하게 된다. 여러 개의 탈식민주의 연구들이 '식민지적 페미니즘' 혹은 '제국주의적 페미니즘'이라고 이 시기의 페미니즘을 평가한 바 있다.[24] 자신들의 우월성을 확신하던 유럽의 페미니스트들은 식민지 영토에서 실제로 그들의 지식 전수와 서구 문명 전파의 사명에 있어서 자신들의 역할을 과시하고자 했다. 그들은 서구와 백인의 지배가 필수불가결하다고 확신했고, 따라서 오리엔탈리즘적 접근과 후진적 문화를 가진 것으로 간주된 원주민 여성들에 대한 전형적인 접근을 강화했다. 유물론적 태도 혹은 단순히 식민주의적 시선에 갇힘으로써 그들은 식민지 사회의 또 다른 불평등과 식민지 여성들의 또 다른 형태의 저항에는 눈뜨지 못했다. 페미니스트들의 역할은 그럼에도 불구하고 교육과 직업 훈련의 영역에서 일정한 반향을 일으켰다.

일부 페미니스트들은 인종차별주의를 폭로하기도 했다. 1888년부터 1892년까지 알제리에 머물렀던 프랑스의 여성 참정권주의자 위베르틴 오클레르(1848~1914)가 그런 경우였고, 또 다른 이들은 반식민 투쟁에 나서기도 했다. 1893년부터 인도에 정착했던 신지학자神智學者 애니 베전트Annie Besant(1847~1933)가 그런 경우였다.[25]

양차 세계대전 사이 국제평화자유여성연맹은 반식민주의 입장을 더욱 강화했다. 특히 프랑스 지부나 식민지 대표단을 통해서 그런 입장은 더욱 강조되었다. 그러나 식민지 여성들에게까지 평등의 프로그램을 확대하고 식민지 국가의 비유럽인들에게 프랑스 지부에 대한 책임을 맡기는 것은 어려운 일이었다.

이런 맥락 속에서 어떻게 페미니즘은 식민 지배가 영향을 미치는 지역이나 피식민 지역에서 발전할 수 있었을까? 오랫동안 알려지지 않았거나 무시되었고, 혹은 그들이 태어난 사회에서 이질적인 것으로 인식되어온 페미니즘은 서구 활동가들과의 접촉을 통해 만들어진 것인 동시에, 그들의 역사 속에 온전히 접속하고 있는 것이기도 했다.

페미니즘, 국가주의, 반식민주의

유럽의 지배에 저항하는 세력이 조직된 대부분의 나라에서, 여성 인권운동은 자연스럽게 일어났다. 인도에서 중동 지역까지, 이란, 북아프리카를 거쳐 중국과, 1905년부터 1945년까지 일본의 식민 지배를 받은 한국에서도 마찬가지였다. 이들 지역에서의 페미니즘은 문학이나 철학적 사조, 혹은 자신들의 문화와 국가적 프로젝트에 서구식 근대화를 접목하고자 하는 정책들을 통해 전해지기도 했다. 이러한 선택은 사회적 합의와는 거리가 먼 것이었다. 수많은 민족주의자들은 단호하게 이에 반대했다. 그들에게 평등의 문제는 전통의 가치에 맞서는 서구의 위협으로 간주되었기 때문이다.

평등은 위급한 정치적 투쟁에 밀려나 부차적인 문제로 취급될 수도 있었다. 이 같은 모순 속에서도 페미니즘 운동은 진화해가던 반체제 활동가들 사이에서 태어났다. 이집트는 영국의 지배에 저항하는 투쟁 속에 탄생한 페미니즘의 놀랄 만한 사례를 제공했다.[26] 1890년대 초부터 문인들과 언론인 조직들은 부유한 여성 문인들이 하렘으로부터 벗어나 서로 만나고 생각을 교환하며 자선활동에 참여할 수 있게 했다. 개혁적 지식인 카심 아민Qasim Amin(1865~1908)은 《여성 해방》(1899)이라는 중요한 저작을 출간했는데, 이집트의 코란 이론가 무함마드 압두Muhammad Abduh 주장한 이슬람 개혁의 움직임 속에서 나온 결실이었다. 여성들은 사적인 영역에서 침거하는 삶에서 벗어나 해방되어야 하며 교육을 받아야 한다. 양질의 교육을 누리고, 더 나은 시민으로서의 지위를 획득해, 히잡을 써야 하는 의무에서 벗어나고, 필요하다면 직업을 갖고 생활할 수 있는 능력을 갖춰야 한다. 이 책은 스캔들을 불러일으켰다. 카심 아민은 두 번째 에세이 《신여성》(1900)에서 콩도르세와 스튜어트 밀을 계승하는 계몽주의 철학과 유럽의 자유주의 사상에 근거한 자신의 주장을 더욱 급진적인 어조로 내놓았다. 그의 저작들이 불러온 스캔들에도 불구하고 그의 제안들은 아랍 세계와 페르시아에서 여성해방과 관련한 성찰의 신기원을 이뤘고, 시민들의 생각을 확장하는 데 기여했다.

페미니스트 운동은 그러나 1920년에 이르러서야 국가적 혁명의 물결에 합류하고, 거리 집회에 동참하던 여성들을 통해 조직된다. 후다 샤으라위Huda Sharawi(1879~1947)는 전쟁 전 세대 문인들 그룹에서 진보적 사상의 기초를 다지고 페미니스트 운동을 조직한 사람 중 한 명이다. 여성의 참정권을 허용하지 않은 새 헌법에 실망한 그녀는 1923년 사이자 나바라위Saiza

Nabarawi(1897~1985)와 함께 이집트 여성연대를 창설했다. 그룹의 이름은 당시 이집트 사회에서 최고 교육을 받은 계층들의 언어이자 페미니스트라는 단어를 쓸 수 있게 해주는 프랑스어 '페미니스트Feministe'로 했다. 그들이 만든 프로그램의 첫 장에는 민족주의 일반론이 담겨 있고, 두 번째 장은 교육권과 시민권에 중점을 둔 성평등을 다루고 있다. 조혼과 일부다처제의 남용, 성매매의 악행을 비판했을 뿐 아니라, 개인의 신분을 문제 삼지 않고 시민적 권리로서 이혼을 제안했으며, 히잡의 본질은 여성에 대한 족쇄라고 폭로했다.

1923년 이집트 여성연대가 회원으로 가입되어 있던 여성참정권국제연대의 총회가 열렸을 때 '페미니스트'의 두 지도자는 공식 석상에서 히잡을 벗어던졌다. 이는 고도의 정치적 행위였다. 1925년 그들은 잡지《이집트 여성 L'Égyptienne》을 프랑스어로 발간했고, 1937년엔 범아랍계의 연대와 팔레스타인 보호를 위한 투쟁이라는 맥락에서 아랍어로 출간했다. 무슬림, 유대인, 기독교인들로 구성된 이 범세계적인 여성연대는 한 번도 이슬람에 대해 문제를 제기한 적이 없다. 그들은 코란을 성평등 원칙에 부합하는 경전으로 판단했다. 그럼에도 불구하고 후다 샤으라위의 방식은 종교적 보수주의자들과 자신들 고유의 여성 분과를 조직한 무슬림 형제들로부터 반종교적, 세속적, 서구적인 것으로 평가되었다.

서구 페미니스트들과의 연계 또한 언제나 여의치는 않았다.

1949년 팔레스타인 문제를 둘러싸고 이들은 서로 분열되었다. 이집트의 페미니스트들은 서구 페미니스트들의 지원이 충분하지 않다고 느꼈다.

페미니스트들의 목소리는 시리아에서도 울려 퍼졌다. 나지크 알아비드Nazik al-Abid(1898~1959)와 일군의 여성단체가 여성 참정권을 요구했고, 이에 대해 원칙적 합의를 표명했던 파이살 왕(1885~1933)의 새로운 아랍 국가 정부가 수립되면서다. 1920년 프랑스를 향해 싸워 '레반트*의 잔 다르크'라는 별명을 얻은 나지크 알아비드는 시리아의 독립운동이 실패로 돌아간 뒤에도 활발한 페미니스트 활동가로 남았고, 여성의 경제적·법적 권리와 사회적 지위에 관한 개혁을 요구했다. 레바논에서는 드루즈인 소설가 나지라 제인 알딘Nazira Zein al-Din(1908~1976)이 히잡에 대한 진정한 비판서를 《코란에 대한 현학적 해석》(1928)이란 제목으로 내놓았다. 물론 이 책은 이슬람 법학자들로부터 신랄한 비판을 받았다.[27] 튀니지에서는 1920년대 히잡을 벗어던진 여성들이 소녀들에 대한 교육과 히잡 폐지를 부르짖었다. 노조 활동가 타하르 하다드Tahar Haddad(1899~1935)는 이 중 가장 급진적인 인물로 《종교법과 사회 속의 여성》(1930)이라는 책을 출간했다.

---

* 그리스, 시리아, 이집트를 포함하는 동부 지중해 연안 지역의 역사적인 지명. 좁은 뜻으로는 이슬람교도가 살고 있는 지중해 동쪽의 이슬람 국가를 가리키기도 한다.

그가 일부다처제와 여성에게 요구되는 상속의 포기나 불평등에 대해 목소리를 높일 때, 교회 당국과 식민지 당국은 그의 의견을 강하게 부정했다. 알제리에서는 같은 시기에 《내일의 여성》 같은 여성 신문을 발간해 성평등의 문제를 세상에 알렸다. 그러나 이 같은 제안들은 공산당의 여성 관련 공약이었고, 특히 독립을 위한 정치 투쟁 내에서의 약속이었음에도 불구하고 사문으로 남았다.[28]

터키의 탄생은 페미니스트들이 20세기 초부터 지녀온 평등주의 프로그램, 특히 1913년에 설립된 오스만튀르크 여권수호협회와 울비에 벨반(1893~1964)이 이끌었던 '세계의 여성' 같은 또 다른 형식의 페미니즘의 제도적 구현을 잘 보여주었다.[29] 평등주의 방식은 1908년 젊은 터키 국가주의 혁명과 함께 작동되기 시작했다. 무스타파 케말이 이끄는 터키공화국은 1922년부터 프랑스식 정교분리를 받아들였고, 젠더의 관점에 있어서는 보다 평등주의의 색채를 띠었다. 민족주의 전쟁에 참여한 것으로 칭송받은 여성들을 위한 여러 가지 세속화 조치들이 단행되었다. 여성의 교육에 대한 권리 보장, 대학 입학 허가, 이슬람법 폐지와 스위스 모델을 따른 민법의 채택(1926)—배우자 간의 평등권은 인정하지 않지만, 일부다처를 폐지하고, 혼인 가능 연령을 규정하며, 재산 상속의 평등권을 인정한다—, 여성에 대한 지방 선거권 부여(1930)에 이은 전국 선거권 부여(1934)는 터키 여성들에게 선거권과 피선거권을 부여했으며, 이는 유럽의 여성 참정권 운동가들의 자존심에 상처를 입히기도 했다. 상징성이 높은 남녀 의복에 대한 개혁과 히잡의 금지는 그들의 세속화된 육체가 서구의 음악에 맞춰 춤출 수 있도록 허용했다. 이러한 극단적인 변화는, 그에 반대하는 모든 세력에 대한 극심한 억압과 함께 진행되었으며, 실질적으론 도시의 엘리트 여성들에게만 해당하는 개혁이기도 했다. 그럼에도 불구하고 오랫동안 여성들이 요구해온 권리(교육 및 정치적 권리)들을 보장하는 위로부터의 개혁은 일종의 해방을 이뤄냈다.

그러나 가정과 공동체 내에서의 남성의 권위는 여전히 유지되었다. 세속화와 성평등, 근대화, 진보를 유기적으로 결합한 사상을 전파시킨 케말 혁명은 국제적으로 엄청난 반향을 일으켰다. 모든 이슬람 국가에 매우 중요한 영향을 미쳤고, 일본에까지 그 파장이 전해졌다.

인도에서는 19세기 말부터 페미니스트 운동이 조직되었다. 그들의 첫 번째 목표는 교육에 대한 권리였고, 이어서 정치 참여의 권리를 요구했다. 페미니스트 운동은 영국 페미니스트들의 영향을 받아 시작되었으나, 반식민주의 운동 진영에서 일어난 인도 여성들 사이의 페미니스트 운동도 함께 진행되었다. 1913년 노벨 문학상을 받은 저명한 작가 라빈드라나트 타고르(1861~1941)는 에세이 《여성 Nari》(1936)에서 여성들의 교육과 그들의 지적인 개발의 필요성을 호소했다.[30]

5. 평등을 위한 투쟁

직업 교육, 시민권, 가족 내에서의 평등을 위해

서로의 거대한 이질성에도 불구하고 페미니스트 운동들은 교육의 평등, 직업의 평등, 시민권의 평등이라는 거대한 프로그램을 공유한다. 교육에 대한 권리와 직업 활동에 대한 권리는 다가올 모든 변화의 열쇠로 여겨지며, 언제나 첫 번째 요구로 자리 잡았다. 대학입학 시험이나 직업 시험에 대한 문호 개방은 운동의 특별한 목표가 되었다. 학교 혹은 대학에서도 공학, 즉 남녀가 함께 공부하는 시스템은 적어도 저학년에서는 보다 조화로운 이성관계를 형성하는 데 적합한 해법으로 받아들여졌다.

다수의 페미니스트들에게 여전히 전업주부의 이상은 유효했지만, 특히 독신자, 미망인, 저소득층에게 노동이 권리여야 한다는 확신은 여러 계기를 통해 그들의 직업 활동을 독려하고 임금의 평등이란 원칙을 쟁취하기 위한 투쟁의 동력이 되었다(그러나 임금의 평등은 지금도 여전히 요원한 상황이다). 서구 국가들이 경제위기를 맞을 때, 특히 1929년의 경제 공황 시기에 여러 가지 금지 조치가 기혼 여성들에게 내려졌음을 페미니스트들은 폭로했다. 노조 활동가들은 여성 노동자들과 집 안에서 일하는 하인들의 극도로 열악한 노동조건을 강조했고, 파업을 할 때나 특별한 요구를 내걸고 싸울 때 (상점 여성 노동자들이 의자를 놓고 일할 수 있는 권리 같은) 그들의 요구를 지지했다.

남성에게만 허락되던 권위 있는 직업에 대한 여성 참여 투쟁의 승리는 페미니즘 운동사에 강한 흔적을 남겼다. 각각의 승리는 언론에서 국제적 차원의 이슈로 받아들여졌다. 최초의 여성 의사, 여성 변호사, 여성 판사, 여성 건축가들은 다시는 닫히지 않을 문들을 열어 젖혔다. 비록 그들의 숫자가 매우 느리게 증가 했을지라도.

종교법의 무게가 여전히 엄청난 분쟁을 유발하고 있는 와중에, 영국의 일반법(common law)이나 나폴레옹의 민법(1804)에 담긴 기혼 여성에 적용되는 불평등을 유럽과 남미의 여러 나라들이 모방했다. 기혼 여성들의 요구는 명확해졌다. 그들은 배우자를 스스로 선택하기를 희망하며, 속박을 견디지 않고 이혼할 수 있는 권리를 갖기를 바랐다.

서구에서 이는 사유재산에 대한 권리를 의미할 뿐 아니라, 자산 관리에 대한 권리, 급여를 자유롭게 사용할 권리를 의미한다. 또한 간통의 남녀 간 차별화된 형벌 폐지와 배우자를 감금할 수 있는 권리의 폐지, 이혼 시 자녀의 양육권, 국적과 성姓에 대한 권리를 의미한다. 좀 더 세속화된 개신교 국가들은 더 쉽게 가족과 커플 내에서의 평등권을 받아들였다. 결혼한 여성의 사회적 지위는 향상되었다. 특히 재산권 행사의 측면에서 변화가 있었다. 그러나 남편이 아내에 대해 행사하는 지휘권은 여전히 원칙으로 남아 있었다. 수많은 활동가들의 요구사항들이 국가에 의해 이행되면서, 페미니스트들은 결과적으로 복지국가의 출현과 남녀 간의 갈등을 중재하는 정부의 출현에 무시할 수 없는 역할을 담당했다.

무슬림 국가, 유교 국가, 불교 국가, 힌두교 국가들에서는 일부다처제와 축첩, 미성년의 결혼에 대한 비판과 재산 상속에 관한 규칙 등이 우선적인 과제로 꼽혔다. 식민지 총독들은 개인의 지위에 대한 관리를 종교권력에 맡긴 상태였다. 1935년 태국에서는 일부다처제의 폐지 등 몇 가지 성공을 거둔 바 있다.[31]

윤리의 문제도 중요한 의제였다. 남성에게는 훨씬 관대하면서도, 가족의 명예를 위태롭게 하거나 사생아를 낳을 가능성이 있는 여성에게는 엄격한 윤리적 이중 잣대가 적용되고 있는 사실을 페미니스트들은 고발했다. 페미니스트들의 요구는 남성들의 성적 충동을 제재해야 한다는 것이었다. 부성애의 추구는 비혼모의 비탄을 피할 수 있게 하는 한 방법으로 제시되기도 했다.

국가에 의해 규제되는 매춘과 매음굴의 폐쇄는 당시 페미니스트들이 만장일치로 찬성하는 일이었다.

그러나 페미니스트들의 목소리는 한 갈래로만 나오진 않았다. 가장 큰 논쟁은 여성의 노동에 관한 것이었다. 여성의 모성적 역할과 그들의 신체적 약점을 보호하는 특별한 법을 통해 여성들을 보호해야 하는가? 아니면 차별을 없애고, 그 차별을 정당화하는 차별화 모델에 항의하기 위해 남녀 간의 절대적 평등(출산휴가에 대해서는 논외)을 요구해야 하는가? 야간근무에 관한 문제는, 여성의 야근 금지를 채택한 영국(1844)과 프랑스(1892)의 사례를 좇아 여러 나라에서 채택되었고, 1919년에 국제노동기구(ILO)가 여성의 야간노동 금지 원칙을 채택하기 전까지 자주 거론되곤 했다. 이 주제는 국제총회 등에서 격렬하게 토론되었다. 박애주의자들과 사회주의자들은 여성 보호 입장에 섰다. 그들은 여성들의 신체적 차이를 이유로 그들의 건강을 지켜야 한다고 주장했다. 한편 자유주의자들과 급진주의자들은 보호라는 이름으로 여성들을 노동 시장에서 배제하려는 것이라며 맞섰다. 영국, 미국, 독일의 여성들은 여성 보호 입장에 찬성하며, 이에 반대하는 핀란드와 프랑스의 여성들에 맞섰다.

여성 투표권처럼 더 폭넓은 합의에 이른 주제 역시 토론에 자주 등장했다. 투표권은 1900년부터 1920년까지 모든 지역에서 핵심적인 요구가 되었다.

여성 참정권자들의 대립

그 규모가 확대되면서, 여성 참정권 운동은 새로운 세력을 끌어들이게 된다. 대개는 보수적인 세력들이 이 운동에 합류했지만, 독일에서처럼 여성 사회주의자들이 합류한 경우도 있었다. 선거권에 대한 원칙 자체는, 대중 여론을 여전히 설득하지 못한 상태였지만, 페미니스트들 사이에서는 논란의 여지가 없는 주제였다. 그들의 토론은 어떤 방식과 어떤 전략을 통해서 여성 참정권을 획득할 것인가에 초점이 맞춰져 있었다.

여성 참정권자들을 분열시키는 논점 중 하나는 인종 문제였다. 미국에서 흑인의 참정권과 여성의 참정권은 노예제에 반대하는 페미니스트들의 최우선 과제였다. 그러나 남북전쟁 이후 미국 의회가 수정 헌법 15조를 통해 흑인 남성의 참정권만을 허용(1869)하자, 페미니스트 진영은 분열됐다. 1852년에 만난 이후 함께 여성 참정권을 위해 싸워온 엘리자베스 캐디 스탠턴과 수전 B. 앤서니 Susan B. Anthony는 여성이 참정권에서 배제되자 큰 충격을 받았다. 1869년에 이들은 전국여성참정권협회(NWSA)를 설립했다.《혁명 Revolution》이란 제호의 신문은 이 협회의 과격한 주장을 주목하기도 했으나, "여성의 권리 쟁취"에 우선권을 부여하는 쪽으로 운동의 방향을 설정하고 그 방향으로 나아갔다. 이후 이 협회는 흑인 인권과 관련한 모든 연대 투쟁에서 몽니를 부리는 존재가 되었고, 흑인 인권에 적대적인 남부 지역 여성들에게 지지를 호소했다. 인종 분리가 광범위하게 자리를 잡아가던 그 시절, 소저너 트루스 같은 몇몇 아프리카계 미국 여성들이 이 협회에 합류하기도 했다. 같은 시기, 1840년대부터 노예 폐지론자 페미니스트 그룹의 리더이던 루시 스톤은 반대로 수정 헌법 15조에 우호적인 입장을 표명했고, 미국여성참정권협회(AWSA)를 설립했다. 이 협회는 (앞서 언급된 협회에 비해) 특히 종교 문제에 대해 좀 더 온건한 목표와 입장을 지녔다. 이 두 협회는 1890년전미여성참정권협회(NAWSA)로 통합된다. 아프리카계 미국 여성들은 인종 분리주의가 만연한 남부에서 여성운동이 확산됨에 따라 점점 더 소외되어갔다. 여성운동 진영은 반집단폭력(anti-lynchage)법 지지를 거부하기도 했다. 1870년 흑인여성참정권협회가 창설된 지 20년 뒤에, 여성 참정권주의자 프랜시스 왓킨스 하퍼Frances Watkins Harper가 메리 처치 테렐Mary Church Terrell(최초로 대학 졸업장을 딴 아프리카계 미국 여성)과 함께 전국유색인여성협회(NACW)를 창립했다.[32]

오스트레일리아에서는 원주민 여성들의 투표권 문제(1902년부터 1962년까지 배제되었다)가 제기되었고, 남아프리카공화국에서는 흑인 여성, 혼혈 여성, 원주민 여성들의 투표권이 1930년법에 의해 박탈되었다(1994년까지).[33]

프랑스에서는 인민전선 정부(1936~1939) 때 블룸-비올렛 법안*이 (당시 프랑스의 식민지였던) 알제리의 무슬림들에게 그들의 종교와 관련한 개인적 지위 포기를 종용하지 않은 채 시민권 부여를 검토하면서 페미니스트 진영을 분열시켰다. 일부 페미니스트들은 여성의 참정권이 인정되기도 전에 '식민지 토착민'에게 참정권을 주는 것에 분개했다.[34]

영국의 여성 참정권 운동 진영에서 벌어진 내분은 또 다른 성격을 가졌다. 1860년대부터 여성 투표권은 당면 과제였다. 존 스튜어트 밀은 1867년 선거권자를 지칭하는 어휘를 'man'이라는 단어 대신 'person'이라는 단어를 쓰도록 하는 개정안을 의회에 제출했으나 개정에 실패한 바 있다. 당시 여러 단체들은 1868년 전국여성참정권연합의 이름으로 연합체를 결성했다. 그러나 일정한 금액 이상의 세금을 내는 남성에게만 부여하던 투표권의 틀 안에서 여성에게도 같은 권한을 요구할 것인지, 아니면 모든 사람들에게 보편적인 선거권을 부여하는 보통선거권을 요구할 것인지가 이들이 당면한 문제였다. 이 문제는 운동 진영을 갈라놓았다. 노동당 및 노조들과 가까웠던 랭커셔주의 여성 노동자 참정권 운동가들은 납세에 따른 투표권 부여를 거부하며, 보통선거권을 지지하도록 다수의 여성 노동자들을 설득하는 데 성

---

* 당시 프랑스의 식민지이던 알제리(1830~1962)에서 특정 알제리인들에게 프랑스 시민권을 부여하고 참정권을 주는 것을 골자로 한 법안이다. 당시 국무총리이던 레옹 블룸과 알제리 총독이던 모리스 비올렛이 공동 발의했다. 2만~2만 5000명의 무슬림 남성이 그들의 종교와 관련한 개인적 지위를 유지한 채 프랑스 시민권을 행사할 수 있도록 함으로써, 투표권과 피선거권을 보장하고자 했다. 그러나 결국 채택되지는 못했다.

공했다.

헌법주의(여성 참정권 운동 진영 중 법률주의) 노선의 리더가 된 밀리센트 개릿 포셋Millicent Garret Fawcett(1847~1929)은 1897년 여성참정권협회 전국연합회를 통해 새로운 여성 참정권 운동을 조직했다. 그녀는 1912년 노동당과 연대해 보통선거를 위한 요구에 여성을 포함시키는 데 성공했다.

1914년에는 600개의 단체와 10만 명의 개인 회원들을 통합하며, 1908년부터 기존의 여성 참정권 운동가들과의 경쟁에 맞섰다. 이러한 진영의 분리는 여성 참정권 운동 진영에서 일반적으로 나타났다.[35]

이탈리아에서 보통선거에 우호적 입장을 취하던 페미니스트들은 1912년 남성들만의 보통선거권이 통과되자 사회주의자들의 지지를 잃었으며, 여성의 보통선거권을 획득하기 위해서는 1946년까지 기다려야만 했다. 여성 참정권 운동에서 민주세력과의 동맹은 번번이 실패로 끝났으나, 또 다른 경우에서는 민주주의 세력과의 동맹이 가능할 뿐 아니라, 유익한 것으로 드러나기도 했다.

급진적 참정권주의자들의 공세

급진주의와 온건주의 노선의 대립은 특히 투표권 영역에서 페미니즘 역사 전체를 관통하며 지속되었다.[36] 온건주의자들은 법리주의에 입각한 신중 노선으로, '급진적 여성 참정권주의자'들은 스캔들과 시민 불복종이라는 선택으로 맞섰다. 특히 반대 진영의 의원이 국회에서 발언할 때면, 의사 진행 방해라는 방식을 동원해 저항했다. 프랑스에서는 1880년대부터 위베르틴 오클레르가 언론의 관심을 끄는 도발적 방식을 사용하며, 1906년 영국의 저널에서나 등장하던 단어 '서프러제트suffragettes'*라는 명칭을 앞서 사용했다.

양차 세계대전 사이 일부 페미니스트들도 이 같은 방법을 사용했다. 특히 언론인 루이즈 바이스Louise Weiss(1893~1983, 1979년 그녀는 유럽의회 최초의 여성 최고령 의원이 된다)는 영화배우 프랑수아즈 로제, 여성 비행사 등 저명인사들을 운동에 적극 활용하며 참정권 운동의 대중화를 시도했다. 거리에서 손에 손을 잡고 나선 여성들이 차량의 흐름을 막기도 했고, 프랑스에서 열린 월드컵 결승전에 전단을 담은 붉은 풍선을 날리기도 했다.

그러나 이런 몇몇 사례들은 영국의 급진적 여성 참정권자

---

* 20세기 초 여성 참정권 운동에 나선 급진적인 영국 여성 활동가들을 지칭하는 용어로, 이들의 격렬한 시민운동은 1918년 2월, 일정 자격을 갖춘 30세 이상 여성에게 참정권을 부여하는 법의 제정으로 이어졌다. 처음에는 언론이 이 운동을 이끈 시민운동가 팽크허스트가 1903년에 결성한 여성사회정치연합(WSPU)을 경멸조로 부르던 말이었으나, 이후 급진적 여성 참정권 운동가를 일컫는 용어로 자리 잡았다.

들의 활약에 비할 바 아니었다. 서명운동이나 평화 시위 같은 개량적 전략을 선택한 밀리센트 개릿 포셋을 선두로 하는 헌법적 참정권주의자들에 맞서 노동당 당원 에멀린 팽크허스트(1858~1928)와 그녀의 딸 크리스타벨(1880~1958)과 실비아(1882~1960)는 권력과의 전면전에 나섰다. 그들은 1903년 여성사회정치연합(WSPU)을 창설하고, 3년 뒤 점점 더 대중의 눈길을 끌고 전투적인 전략들을 구사했다. 이 서프러제트들은 잔 다르크의 깃발 아래 회의장에서 야유하기, 보라색·흰색·초록색을 자랑스럽게 휘날리며 거리 행진하기 등을 통해 공공연하게 대중을 자극하는 방식을 구사했다. 그들의 운동이 점점 더 폭력적 성향을 띠게 된 것은 유명한 검은 금요일 사건(1910년 11월 18일) 이후부터였다. 이날 행진하던 많은 여성운동가들이 폭력적으로 진압당하고 체포, 투옥되었다. 경찰은 그들에게 폭력을 행사하던 거리의 난봉꾼들을 방관하기도 했다. 정치범의 지위를 거부당하고 강제로 음식을 주입당해야 했던 서프러제트들의 그 유명한 단식투쟁도 이날의 투쟁이 계기가 되었다. 진정한 게릴라식 전략으로, 이들은 쇼윈도를 부수고, 공공 기념물이나 내셔널 갤러리에 있는 벨라스케스의 작품 〈거울을 보는 비너스〉를 훼손하기도 했다. 또한 폭탄 장치, 교회에 불 지르기 등 과격한 행동을 서슴지 않았다.

경마장에 난입했을 때, 말에 의해 짓밟혔던 에밀리 와일딩 데이비드슨Emily Wilding Davidson(1872~1913)의 죽음 —오랫동안 사람들은 이 죽음이 자살이라고 생각했다—은 여성 활동가들을 동요시켰다. 그녀의 장례식 날에는 엄청난 인파가 운집했다. 그러나 헌법주의 여성 참정권 운동가들보다 크게 앞서가지 못했던 서프러제트들은 영국 자유주의 정부를 무릎 꿇게 하는 데 성공하지 못한다. 1918년 급진적 여성 참정권 운동가들의 절대다수가 애국자임을 입증할 수 있었던 1차 세계대전이 끝나고 나서야, 30세 이상의 사유재산을 소유한 여성들에 한해 투표권이 처음으로 주어진다(21세 이상의 모든 여성이 투표권을 갖게 된 것은 1928년이다).

자신들의 요구사항이 갖는 중대성을 각인시키고, 정부가 여성들을 거칠게 다루는 태도에 대해 여론의 경종을 울려온 서프러제트들의 전략은 당시 참정권 운동에 유익한 것이었을까? 아니면 그 반대로 높은 폭력 수위로 인해 오히려 지지를 잃게 한 원인이 되었을까? 그동안은 그들의 투쟁이 거둔 대중적 효과와 투지에 그 무게를 두어왔으나, 역사학자들의 작업은 온건한 여성 참정권주의의 중요성을 재평가하려는 경향을 띠어왔다. 수많은 여성들이 양쪽 그룹에 동시에 참여해 활동했기 때문이다. 여성해방연맹은 1907년 폭력을 거부하는 여성운동가들에 의해 설립되었다. 에멀린 팽크허스트의 권위주의적 성격 때문에 몇몇 활동가들이 떠나기도 했다. 영국 참정권 운동 사례는 그들이 누려온 인기와, 운동 동원 능력, 참여자들의 숫자와 그들에 맞선 정권의 폭력적 태도 등을 통해 기억할 만한 사례로 남아 있다.

공포감을 조성해 그들의 운동 성과를 평가절하하고, 과장된 만평을 만들어 퍼뜨리기도 했지만, 미디어를 통해 확대된 그들의 운동이 가진 영향력은 광범위하고도 국제적인 것이었으며, 아일랜드와 아르헨티나, 중국 혹은 미국 등지에서 모방자들이 생겨나기도 했다.

당시 영국에 머물고 있던 미국의 여성운동가 앨리스 폴Alice Paul(1885~1977)은 1913년 서프러제트의 방식을 미국에 도입했다. 1차 세계대전 중에도 여전히 활동을 지속했던 그녀는 백악관 앞에서 집회를 열던 중에 루시 보른과 함께 체포되었다. 그녀들은 단식투쟁을 벌였지만 강제로 음식을 주입당했다. 이 같은 폭력은 대중의 감정을 자극했고, 결국 1920년 수정 헌법 19조의 통과로 정치적 평등을 획득하는 데 기여했다. 중국에서는 수많은 여성 전투 대대가 활약했던 신해혁명(1911) 이후 일본에서 유학하고 돌아온 탕준잉Tang Junying이 베이징에 여성 참정권 운동 단체를 설립하고 여성 참정권을 위한 투쟁을 시작했으나 실패로 끝났다. 여성 참정권 운동은 1913년부터 다른 형태의 저항의 목소리들과 함께 탄압에 직면하고, 1920년에 이르러서야 재개된다. 당시의 여성 참정권 운동은 이전보다 훨씬 신중한 전략을 구사했고, 여러 가지 사회적 요소들과 결합하면서 목표에 접근해갔다.

시민권에 대한 접근

여러 사건들이 참정권 운동가들의 목소리를 세상에 전했고, 마침내 정치적 평등을 위한 표결에 이르게 했다. 이 축제의 첫 번째 포문을 연 것은 미국 와이오밍주(1869)였고, 전국적인 투쟁의 결과로 뉴질랜드(1893, 마오리족 여성 포함)와 오스트레일리아(1894~1899)에서의 승리로 이어졌다. 러시아의 억압으로부터 해방된 핀란드(1906)가 그 바통을 이어갔으며, 스웨덴의 억압으로부터 해방된 노르웨이(1913), 영국과 전쟁 중이던 아일랜드가 뒤이어 여성 참정권을 인정했다(1918).[37]

대부분의 나라들은 납세한 유권자들에 대해서만 제한적으로 투표권을 부여했고, 진보 세력들은 모두 여기에 반대해 싸웠다. 이들의 공동 목표는 종종 투쟁의 공조를 돕는 역할을 톡톡히 했다. 여성은 정치적 변혁의 시기에서 온전한 이해당사자였다. 1918년 독일, 오스트리아, 헝가리에서 그랬고, 1917년 2월 혁명 직후 임시정부가 여성들의 대규모 집회 앞에서 물러서며 참정권을 부여하게 된 러시아의 경우도 마찬가지였다. 스페인에서는 1931년, 제2공화국이 탄생할 무렵 제헌의회 의원으로 선출된 여성 변호사 클라라 캄포아모르Clara Campoamor*의 호소에 힘입

---

* 1888~1972. 스페인의 페미니스트 운동가, 정치인. 변호사. 마드리드의 노동자 가정에서 태어나, 13세에 재봉사로 노동을 시작했고, 마드리드대학에

어 여성에게 참정권을 부여했다. 남미에선 여성 참정권 운동이 자유주의자들로부터 지지를 얻었다. 브라질에서는 탁월한 리더십을 발휘하며 두각을 나타낸 베르타 루츠Bertha Lutz(1894~1976)가 여성 참정권 운동을 이끌었다. 그녀는 국제 여성 참정권 기구의 멤버이기도 했다. 다른 지역에서도 인민계급의 지원을 받아 여성 참정권 운동가들이 승리를 이어갔다. 1932년 우루과이에서 그랬던 것처럼.

프랑스 본토의 여성들은 1944년 4월 21일 행정명령을 통해서 평등한 참정권을 획득했다. 프랑스에서 여성 참정권 획득이 늦어진 것은 많은 의문을 자아냈다. 스위스에서는 이보다 더 늦은 1971년에야 여성 참정권을 인정했다. 게다가 프랑스 식민지

서 법학을 공부하면서, 공무원, 교사, 기자 등으로 일했다. 법학과를 졸업하고 변호사로 활동하면서 1931년 제헌의회 의원으로 출마하기 전까지 여러 페미니스트 조직에서 활동했고, 제헌의회 의원으로 당선되어 여성으로선 처음으로 의회에서 연설한다. 그녀가 당선되었을 때, 스페인에는 여전히 여성 투표권이 없는 상태였다. 그녀의 연설과 설득에 힘입어, 제2공화국 헌법은 여성과 남성이 평등함을 천명한다. 그러나 이 같은 성공에도 불구하고, 그녀의 페미니스트 활동가로서의 정체성은 보수적 정치인들과 가톨릭교회뿐 아니라, 좌파 진영의 정치인들까지도 불편하게 만들었다. 그녀는 자신이 속했던 극좌정당을 떠나 무소속 의원으로 꾸준히 목소리를 냈다. 1933~1934년 사회복지부 장관을 지냈고, 1936년 스페인 내전이 발발하자 스위스 로잔으로 망명했다. 프랑코 정권은 그녀가 정치적 신념을 포기하지 않는 한, 귀국을 금지했다. 로잔에서도 여전히 페미니즘과 여성 인권에 관한 글을 쓰다가 1972년에 생을 마감했다.

의 여성들에겐 1944년의 행정명령이 일률적으로 적용되지 않았다. 예를 들어 알제리에서는 유럽 여성들과 종교와 관련한 특정 개인 지위를 포기한 '원주민' 여성들에 한해 참정권이 주어졌다. 나머지 여성들에 대해서는 1958년에야 일괄적으로 권리가 주어지게 된다. 역시 식민지였던 세네갈에서는 원주민 여성들에게는 투표권을 확대하지 않기로 정부가 결정했다. 이후 강력한 투쟁의 결과로 네 개 지역의 여성들이 1945년에 투표권을 획득했으며, 모든 여성들에게로 이 권한이 확대된 것은 1956년 '프랑스 연방' 전체에 보통선거권이 주어지고 나서였다.

식민지 상태에 있거나 서구 열강들의 지배를 받았던 나라에서 투표권은 민족주의적 페미니스트 운동 진영의 첫 번째 의제였으나, 1940~1950년대 이전까진 거의 외부의 지지를 받지 못했다.

6. 신여성과 여성해방

신여성에 대한 열광

여성 선거권 투쟁이 19세기 중반 평등주의 페미니즘을 특징지었다는 것은 의심할 여지가 없다. 그러나 동시에 여성해방을 향한 심도 깊은 모색이 이루어졌음을 잊어선 안 된다. 노르웨이 작가 헨리크 입센의 희곡 《인형의 집》(1879)이 준 충격은 번역을 통해 전 유럽에, 이윽고 1910년에 이르러선 중국, 한국 등지까지 퍼져갔다. 여주인공 노라는 아내와 아이 취급받는 여자의 역할에 숨막힌 나머지 남편과 아이들을 떠날 준비가 된 신여성의 모습을 구현하고 있다. 자신의 자리를 찾지 못하는 여성의 자아를 주인공으로 하는 이 희곡은 개인주의의 출현과 함께 남성하고만 커플을 이루겠다는 생각을 갖고 있지 않거나 새로운 대안적 가족 모델을 찾는 모든 계층에서 큰 반향을 일으켰다. 페미니스트들에게 희망은 여성들 스스로에 의해 실현된 정복의 의미로 이해되었다. 해방은 권리의 주체, 자립, 자아의 실현, 주체성의 확립 같은 것을 의미했다. 정체성에 대한 주장들은 기존 여성성의 코드를 뿌리째 흔들어놓았고, 여전히 엄격한 젠더적 질서(가부장적 질서)에 대한 공통된 거부 속에서 동질성을 찾는 페미니스트 문화의 다양성을 드러내주었다.

페미니즘의 목표는 여성들이 자신을 구속하는 심리적 족쇄를 벗어던지게 하는 것이었다. 복종과 포기, 정숙함 혹은 지나친 겸손을 가르치는 교육은 여성들을 아양을 떨거나 지나치게 소심한 성향으로 만들 수 있었다. 이 모든 것은 종교적 혹은 세속적 문화에 의해 고양된 태도들이다. 혁신적인 여성 문인 버지니아 울프(1882~1941)는 《자기만의 방》(1929)과 《3기니》(1938)에서 페미니즘을 넘어서는 창의성과 여성성의 해방을 호소했다. 그녀는 페미니즘을 보다 제한적인 정치적 개념으로 인식했다.

비교적 큰 차원에서 이뤄진 이 같은 변혁은 운동의 자유, 신체, 외모, 개인적 혹은 직업적 숙명 선택의 자유에 영향을 미쳤다. 안티페미니스트들이 여성의 남성화와 제3의 성의 탄생을 폭로하는 동안, 페미니스트 언론과 문학은 종종 젠더의 근대성을 표상하는 긍정적 상징으로 '새로운 이브'라 명명되던 '신여성'의 이미지를 부각시켰다. 여러 종류의 잡지가 이 이름을 그대로 제목으로 차용하기도 했다. 예를 들어 1920년 한국에서는 《신여성》이라는 잡지가 나왔다. 신여성이 표상하는 인물들은 교육과 일, 가족, 심지어는 여흥을 즐기는 방식에 있어서도 변화 중인 다양한 면들을 하나로 집약시켰다. 신여성의 이미지에 대한 다양한 용도는 미디어 토론의 장과 분리될 수 없었고, 영국에서 시작된 소비주의의 발전과 더불어 더욱 멀리 확산되었다. 광고나 문학, 예술 분야에서 신여성은 평등주의 프로그램과 동떨어진 채, 아르누보Art Nouveau 양식에서 '여성-꽃'(꽃과 여성의 가는 실루엣이 어우러진 아르누보 양식의 대표적인 모티프)이나 1920년대 현대미술에 등장하는 여성들과 같은 이미지로 차용되기도 했다.

반면 페미니스트들에게 신여성은 어느 정도 짜릿한 자유를 상징했으며, 급진파와 온건파를 구별 짓는 기준 중 하나였다.

자유로운 사랑과 자유로운 모성

박애주의에서 출발한 많은 페미니스트들에게 평등권 요구는 모성애 문제와 충돌하진 않았다. 즉 그들 대부분은 국가의 이해에 부합하는 자녀 교육에 충실하며, 아이를 생산하는 어머니의 상에 대해 충분히 그 가치를 인정하고 있었다. 하지만 이러한 모성주의가 여성이 교육을 받고, 필요하다면 자력으로 생계를 유지하며, 스스로 배우자를 선택하고, 사회활동에 참여하는 것을 방해해서는 안 된다고 생각했다. 이러한 태도 자체가 지배 이데올로기와의 단절을 의미했다. 모성은 공중보건의 차원에서도 구체적인 경험과 책임을 요구하는 것이었다. 일부 페미니스트들은 모성을 국가의 지원이나 특정한 보상을 받아야 하는 사회적 역할로 간주하기도 했다. 자유주의 사상에 영감을 받은 이들이 내세우는 젠더의 근대성은 자유연애까지 주장할 만큼 더욱 급진적인 것이었으며, 몇몇 소수 페미니스트들이 이 같은 주장을 했다. 다른 선거권주의자들로부터 지나치게 추문을 뿌리는 인물로 간주되며 거리를 두게 한 빅토리아 우드헐(1838~1927), 독일의 헬레네 슈토커 같은 인물이 그들이다. 스웨덴 여성인 엘렌 케이Ellen Key (1849~1926)는 《사랑과 결혼》이라는 책에서 엄마와 자식의 관계에 대한 가치 부여, 육아에 대한 국가의 역할과 함께 자유로운 사랑의 개념을 설파했다. 페미니스트 잡지들은 엘렌 케이의 글들을 번역 출간했으며, 그 글에 대한 해설이 한국, 일본, 중국 등지에서도 발간되었다.

프랑스에서, 마들렌 베르네Madeleine Vernet와 알렉상드라 넬Alexandra Néel*은 청년 시절 자유로운 결합에 열정을 보였고, 마들렌 베르네는 20년 뒤에 이러한 선택으로 돌아온다. 페미

---

* 1868~1969. 프랑스의 탐험가, 오페라 가수, 페미니스트, 저널리스트, 작가. 아시아 문화에 열정을 가졌던 그녀는 스물한 살에 불교도가 되었다. 1911년 혼자 인도로 가서 불교를 연구하는 등 아시아 전역을 여행했다. 1924년 서양의 여성으로는 처음으로 티베트 라싸에 가서 13대 달라이 라마를 만났고, 티베트에서 5년간 살았던 경험을 통해 티베트에 관한 저작들을 남겼다.

니스트들은 자유연애를 즐기는 여성들에 대해 도덕적 경계심을 갖거나, 그러한 여성들로 말미암은 위험에 휘말릴까 봐 거리를 두는 입장이었다. 이탈리아의 소설가 시빌라 알레라모Sibilla Aleramo(1876~1960)는 자신의 자전적 일탈을 모티프로 삼아 자유연애를 설파하는 소설《한 여자》(1906)를 출간했다. 1896년 아르헨티나에서 아나키스트 이주 여성 노동자들은 그들이 만든 잡지를 통해 사장도 남편도 없는 삶을 주장하기도 했다. 자유로운 모성에 관한 문제에서 아나키스트들은 가장 극단적인 입장을 취했다. 멕시코 혁명 무렵 에르밀라 갈린도 데 토페테Hermila Galindo de Topete(1886~1954)는 1915년에 잡지《모던 여성》을 발간해 성교육과 이혼, 여성 투표권 등에 대한 생각을 전파했다.

섹슈얼리티에 대한 사유는 성의학을 창시한 지그문트 프로이트, 마그누스 히르슈펠트, 에드워드 카펜터, 해브록 엘리스와 그의 제자였던 페미니스트 소설가 올리브 슈라이너Olive Schreiner(1855~1920) 등이 쓴 글들을 통해 지평을 넓혀갔다. 이 새로운 학문은 신맬서스주의자들을 열광시켰다. 그러나 페미니스트들에게는 완전히 관심 밖이었다. 신맬서스주의자들은 인구 증가를 금욕—맬서스가 말했듯—을 통해서가 아니라, 그 시절에 사용 가능했던 피임(콘돔과 자궁압정기)을 통해서 억제하길 원했다. 그러나 그들은 여성의 권리에 대해서는 민감하지 않았다. 당대의 사상에 영감을 받은 일부 페미니스트들은 종종 자유주의적 유토피아 사상과 연관을 맺고 있었고, 그들은 성교육과 선택의 자유, 출산의 자유를 주장했다. 미국에서는 러시아 출신의 아나키스트 엠마 골드만Emma Goldman*이 주목을 받았고, 간호사였던 마거릿 생어Margaret Sanger(1879~1966)는 '산아제한'이라는, 자신이 만들어낸 표현이 거대한 운동으로 전개되는 데 기여했다. 그녀는 연구자들이 경구피임약을 만들 수 있도록 설득했고, 1956년 그레고리 핀커스가 마침내 효과적인 경구피임약을 개발했다. 프랑스에서는 신맬서스주의자 폴 로빈과 가까운 자유사상가 넬리 루셀Nelly Roussel(1878~1922)이 탁월한 대중 연설 능력을 발휘하며 온 나라와 유럽의 일부 지역을 누비고 다니면서 출산의 자유에 초점을 맞춘 페미니즘을 전파했다(이는 1920년 법이 엄격하게 금지하는 선동이었고, 1923년 법은 낙태를 중한 벌로 다스리던 시절이었다). 영국에서는 애니 베전트가 1877년 피임에 대한 선동을 해 외설 혐의로 체포되기도 했다. 1920년대 마리 스토프스Marie Stopes(1880~1958)는 우생학적 입장에서 성적 개혁을 주장

---

* 1869~1940. 러시아 출신의 아나키스트 정치활동가, 페미니스트, 작가. 북미와 유럽의 아나키스트 정치철학 발전에 중요한 역할을 했다. 1885년 미국으로 이주했다. 아나키즘 운동가로서, 폭동 선동과 불법적인 피임 정보 유포 혐의로 몇 차례 옥살이를 했고, 1906년 신문 《어머니 지구Mother Earth》를 창간했다. 여성 권리의 열정적인 옹호자로, 아나키스트 페미니즘의 창시자로 간주된다. "나는 여성의 독립과 자신을 위해 살 권리를 옹호한다. 자신을 기쁘게 하는 사람을 사랑할 권리를 옹호한다. 나는 모든 성의 행동의 자유와 사랑의 자유 그리고 모성의 자유를 요구한다"라고 주장했다. 자유연애 옹호자였으며, 결혼제도에 대해 비판적 입장을 취하기도 했다.

한 인물이었다. 1921년 그녀는 영국 최초의 산아제한 클리닉을 만들었다. 스텔라 브라운 역시 같은 운동에 참여했으며, 1935년에는 더욱 명료하게 낙태의 권리를 주장했다. 일본에서는 사회주의자이자 페미니스트인 가토 시즈에(1897~2001)가 1920년대 산아제한 운동을 수입해 전개했다.

당시엔 레즈비언과 페미니스트 사이에 접점이 없는 상태였다. 일부 예술계나 사교계를 제외하곤 레즈비언은 여전히 금기시되는 주제였고, 여성 간의 사랑은 설령 존재할지언정 다수의 페미니스트들이 존중받고 인정받기를 요구하는 주제는 아니었다. 섹슈얼리티에 대한 정치사상 내에서도 거의 다루어지지 않았다. 결혼이 섹슈얼리티 관련 정치사상에서 중요한 주제였던 것과는 반대였다. 그러나 몇몇 레즈비언 커플들이 페미니즘 역사에서 기억되고 있다. 특히 20세기 초 독일의 급진적인 페미니스트 청년 세대의 지도자였던 두 사람, 저널리스트 린다 구스타바 헤이만과 사진작가이자 변호사였던 아니타 아우크스푸르크는 함께 생활하며 운동을 이끌어갔다.

운동하는 여성들

신여성들의 급진적인 주장들은 대다수의 페미니스트가 볼 때 지극히 부차적인 것이었다. 다수의 페미니스트들은 인구 증가 찬성론자 편에 속해 있었다. 급진적 페미니스트들은 그중에서도 자유로운 출산을 지지하는 입장이었다.

'1호 여성들'(남성만의 직업적 영역에 첫발을 내디딘 여성들)의 주제는 보다 보편적인 것이었다. 남성들이 전유하던 영역에 발을 딛는 데 성공한 그들은 페미니스트들의 열렬한 지지를 받으며 신여성상을 구현해나갔다. 이 여성들은 20세기 초반 그 수를 점점 늘려갔으나, 이들에 대한 저항도 만만치 않았다. 여성 동급생들의 입학을 반대하는 남자 대학생들의 집회, 남성의 영역에 들어서기 시작한 여성들을 가시 돋친 말로 모욕하고 협박하는 팸플릿들, 여성을 위협하는 조치들이 이어졌다.

1885년 파리에서는 기숙 의과대학에 지원한 두 여성의 허수아비가 공공장소에서 불태워지는 일도 있었다. 1호 여성들은 그들이 거둔 평등주의 프로젝트의 성공만큼 페미니스트들로부터 환영받았다. 페미니스트 리더들은 이처럼 남성의 직업 영역에 처음 진출한 여성들이기도 했다. 그들이 거둔 성공은 여성도 남성 못지않게 능력이 있음을 입증했을 뿐 아니라, 소녀들에게 야망의 부족이나 실패에 대한 두려움을 떨쳐버리도록 격려했다. 예술 방면에서 거둔 성공이나 스포츠 분야에서 거둔 성공 모두가 그 가치를 인정받았다. 특히 여성 비행사들은 각별한 명예를 얻었다. 스포츠 경기의 여성 참여는 피에르 드 쿠베르탱 남작에 의해 결정된 여성 배제의 원칙을 우회하기 위해 알리스 밀라가 1922년에 조직한 파리에서의 첫 번째 여성 올림픽 대회의 성공이 거둔 결과였다.

자전거를 탄 여성들이 불러일으킨 스캔들이 입증하듯이, 여성에겐 단순한 취미로서의 육체적 활동의 권리도 저절로 얻어지지 않았다. 중국에서는 전족에 반대하는 캠페인이 여성들에게 필요한 행동의 자유를 상징했다. 이 캠페인은 1912년 전족 금지령을 획득함으로써 그 결실을 맺었다.

여성도 육체적 활동을 하기 위해서는 거기에 맞는 옷이 필요했다. 그러나 패션에서 이루어진 변화의 수용은 1890년대의 바닥에 끌리는 드레스 대신 1920년대 샤넬 정장이 등장한 정도였다. 1930년대에는 프랑스의 저명한 의상 디자이너들이 활동적인 옷으로부터 거리를 두기 위해 보수적 젠더 개념을 더욱 강조하는 전통적인 여성성을 표현하는 유행을 만들어냈다. 19세기에 시도된 의복 개혁은 군대에서 이미 진행된 바 있다. 당시 가장 유명한 의상 혁명으로는 아멜리아 블루머(1818~1894)의 사례가 있다. 헐렁하게 부풀린 바지를 치마 아래 받쳐 입은 새로운 패션을 언론에서는 '블루머'라고 불렀다. 엘리자베스 스탠턴은 블루머를 한동안 입고 다녔으나, 더 이상의 추종자를 설득할 수 없음을 깨닫고 포기했다. 코르셋은 긴 치마와 함께 강력한 논쟁의 대상이었다. 급진적 페미니스트들은 또한 프랑스 언론인인 마르그리트 뒤랑이 여성적 유혹의 모든 기술을 구사하는 '레이스를 두른 페미니즘'의 권리를 외칠 때, 거기에 동참하기도 했다. 이에 맞선 소수의 페미니스트 활동가들은 남자 옷을 입거나, 배우나 예술가들이 흔히 하는 것처럼 재킷을 걸치곤 했다. 프랑스 최초의 여성 의학박사인 마들렌 펠르티에(1874~1939)가 택한 것은 후자였다. 그는 소녀들을 대상으로 하는 체육 교육을 주창하고, 1차 세계대전 이전에 짧은 머리를 하고 다녔던 최초의 여성 중 한 명이었다.

일부 페미니스트는 헤어스타일에 대한 사회적 규범 역시 예속의 상징으로 간주했다. 두 번의 세계대전을 거치는 동안 남자처럼 짧은 헤어스타일이 유행했다. 짧은 머리가 의미하는 바는 다양했지만. 선머슴 여자, 플래퍼(말괄량이), 모던걸, 신여성 등 무엇으로 불리든 자유분방한 외양을 가진 도발적 여성으로 간주되었다. 남성성을 가장하는 경우도 종종 있었고, 이 경우엔 레즈비어니즘을 연상시키기도 했다. 소설가 빅토르 마르그리트Victor Margueritte는《선머슴 여자La Garçonne》를 써서 대중적 성공을 거두었다. 소설이 일으킨 스캔들로, 이 책은 교황청의 금서목록에 오르기도 했다.

신흥 독립국들에서 서양식 의복은 남녀를 불문하고 시대적 흐름이 되었다. 1919년 일본의 제국주의에 맞선 5·4운동에서 중국의 신여성들이 택한 것이었고, 1927년의 대학살에서도 짧은 머리의 여학생들이 주된 타격의 대상이 되었다.

이슬람 국가들에서 여성들이 쓰는 베일은 페미니스트들의 모든 주의를 집중시켰다. 아프가니스탄의 왕비 소라야Soraya 같은 유명인사는 1928년 공개적으로 부르카를 벗었다. 소녀들에 대한 교육과 일부다처제에 대한 자신의 생각을 표명하기 위함이었다. 보다 일반화된 부르카 벗어던지기는 1930년대 터키나 팔레비 왕조하의 이란에서처럼, 권위주의 정부 정책의 결과물이었다. 혹은 1958년 알제리에서 치러진 선거를 통한 식민지 개혁 프로그램에 의해 베일(히잡) 벗기가 이뤄지기도 했다. 위로부터 이뤄진 이 같은 정책은 특히 시급한 개혁의 필요를 느끼지 못하거나, 식민지 여성들을 서구화하기 위한 압력으로 간주한 서민계층에서 논쟁을 야기했다.

이러한 모순은 해방적 페미니스트들의 생각이 전달되는 것을 방해했다.

전통적인 여성성의 모델들은 소설이나 연극을 통해서도 비판되었다. 정략결혼 속에서 지워지고 종속된 역할을 떠맡는 것을 거부하고, 자신의 운명을 스스로 선택하는 교육받은 젊은 여성이 등장하고, 권리 차원에서의 평등을 보다 정치적 어휘로 표현했다. 조르주 상드 같은 여성 작가들이 스스로 여권운동에 나선 것은 아니었지만, 여성 문인이 페미니스트 투쟁에서 첨병 역할을 하는 경우도 있었다. 잡지 《세이토靑鞜》(1911~1916)를 발행한 일본인 여성 작가 히라쓰카 라이초(1886~1971)가 그런 경우다. "인형의 집"이라는 깃발 아래, 이 잡지는 6년간 독자들에게 발언권을 주었고, 전 세계에서 논의되고 있는 페미니스트적 논점들을 알렸다.[38] 1919년 일본의 여성 참정권 운동가들은 신여성협회를 조직하기도 했다.

이 같은 해방을 향한 의지와 결합한 새로운 페미니스트 문화는 때때로 새로운 이름을 부여하도록 자극하기도 했다.

기혼 여성들은 남편의 성을 거부하고, 공공연히 부모로부터 물려받은 성을 썼으며, 마드무아젤(아가씨)로 불리는 것을 거부했다. 각 직업의 명칭을 여성화하면서 현실에 맞게 고치는 것 또한 필요해 보였다. 이러한 시도들은 '여변호사'나 '여자 박사' 같은 단어에 대한 항의의 소리를 불러일으키곤 했다. 여성 폄하에서 한 술 더 떠 안티페미니즘이 생겨났고, 이는 해방을 외치는 여성을 잔인하게 겨냥했다. 페미니스트들은 남성으로부터 권력을 빼앗아 사회적 서열을 전복하고자 하는 세력으로 지목당하며 전방위적으로 공격을 당했다. 모든 공식적인 주요 이론들이 공조하는 여성을 향해 경멸적 시선을 던질 때 페미니스트들은 어떻게 대응할 수 있었을까?

먼저, 페미니스트들은 기존의 지식에 대한 비판적 시선을 갖췄다. 대체로 독학을 한 여성운동가들은 여성과 그들의 두뇌, 과소평가된 신체적·지적 능력, 그들의 외모, 그들의 감상주의, 그들의 감정 등 여성을 미래의 어머니로만 규정하는 데 부합하는 모든 선입견을 반박하고자 했다. 새롭게 건설해가야 하는 지식은 여성의 역사에 대한 것, 영국의 해리엇 마르티노(1802~1876)가 시작한 것과 같은 사회학적 접근으로서의 지식이다. 마르티노는 자신의 접근 방법을 통해 미국 사회를 날카롭게 분석한 바 있다. 많은 여성 저널리스트와 여성 작가들은 과거와 현재 여성들의 구체적인 활동과 삶을 연구했다.

여성의 권리와 해방을 위한 운동이 뿌리내리던 이 긴 시기의 공통된 관심사는 교육과 직업의 평등, 시민적·정치적 권리 같은 평등주의적 문제의식이었다. 이 같은 문제의식의 유사성은 국제적 시너지를 강화할 수 있게 해주었다. 그러나 당시의 페미니즘들은 그것들이 탄생하고 성장하는 사회적 맥락과 불가분의 관계를 갖고 있기도 했다. 민주주의 체제의 신봉자들을 부분적으로 대립시킨 평등주의적 자유주의 페미니즘이 있었는가 하면, 반식민주의 페미니즘과 혁명적 페미니즘이 등장하기도 했다.

각각의 노선은 페미니즘을 구성하는 요소들을 서로 다른 방식으로 취하며 형성되었다. 평등과 자유를 위한 투쟁, 여성의 역할에 대한 가치 평가, 가부장적 젠더 규범으로부터의 해방 등이 그것이다. 1920년대 신여성 모델의 성공은 페미니스트의 문제의식과 비서구권에서의 여권 신장을 전례 없이 확산시켰다. 하지만 획득된 권리는 대체로 제한적이었다.

교육이나 직업 생활에서의 몇 가지 규칙, 정치 영역에서의 괄목할 만한 평등의 문제들에서 진전이 있었다면, 민법이나 종교적 규범이 지니는 무게는 여전히 치명적인 것으로 남아 있었다. 배우자 간, 가족 내에서의 평등이라는 목표와 여성의 발언과 선택의 자유권이라는 목표는 여전히 과제로 남아 있으며, 1950년대부터 2000년대까지 현대라는 시기를 특징짓는 우선적인 주제이기도 하다.

3부 성평등과 여성해방을 향해

1945-2000

*

    2차 세계대전 말, 페미니즘들은 새로운 상황 속에서 재건되기 시작했다. 냉전(1945~1989), 중국혁명(1949), 탈식민지화와 복지국가 건설 등이 그것이다. 이러한 상황에서 진행된 1960년대의 일탈과 그들의 변혁운동, 한편으론 북미의 제국주의와 베트남 전쟁, 남미의 독재들이 운동의 성격을 조건 지었다. 여성사의 관점에서 볼 때 특히 북반구 국가들에서 나타난 평등주의적 변화는 괄목할 만하다. 이러한 변화는 페미니스트들이 적극적으로 참여해 반향을 일으킨 교육과 고등교육에 대한 접근, 임금 상승, 정치 참여 등을 통해 새로운 사회적 계층을 자극했다. 가사노동과 자녀 교육은 여전히 기본적으로 여성의 몫이었다. 그러나 여성들은 나라마다 조금씩 다르게 발전한 신기술과 보육 혜택을 누릴 수 있게 되었다. 아내 또는 가정주부의 역할에 대한 생각은 여전히 지배적이었으며 수많은 차별을 정당화했다. 시민성이 여성들에게 광범위하게 확산되어 있는 사회에서조차 형식적인 평등은 공공장소에서도, 가족 내에서도 혹은 부부 사이에서도 단숨에 이뤄지지 않았다. 임신과 섹슈얼리티에 대한 주도권 문제에 있어서는 불평등이 더욱 또렷했다.

개발도상국들에서 교육을 위한 투쟁과 가난에 맞서는 투쟁은 최우선 과제였다. 그러나 이러한 투쟁은 젠더 문제에 관한 정치·종교적 영향력과 지극히 구속적인 여성의 지위라는 맥락 속에서 시민적·정치적·가족적 평등에 대한 요구를 희석시키진 않았다. 이 같은 도전에 맞선 페미니즘의 진화 속에, 두 가지 특징적 경향이 두드러진다. 하나는 개혁주의적 평등주의 페미니즘 노선이다. 여권운동의 지속성 속에서 국제주의와 보다 확대된 정치적 스펙트럼을 가진 노선이다. 또 하나는 급진주의 노선이다. 이들은 분석의 틀을 가지고 본질적으로 혁신적 활동을 전개한다. 이들은 여성해방운동과 더불어 1990년대의 퀴어 이론과 포스트 식민주의 이론 속에서 자신들의 활동을 이어갔다. 이 두 가지 노선은 시기적으로 겹치거나 분리되기도 했고, 국내·국제 정치 판세에 따라 입법화하고자 하는 권리를 둘러싸고 대립하기도 하고 연대하기도 했다.

7. 개혁주의 페미니즘의 지속

직업적·시민적·정치적 권리의 평등에 우선권

법에 성평등 원칙을 도입하는 것은 1945년[39] 이후 활동하던 수많은 페미니스트 그룹들의 첫 번째 과제였다.

1939년 이전과 마찬가지로 대조적 입장을 취하던 페미니스트 그룹들은, 점점 공식적인 평등을 거부감 없이 수용하는 자유주의자에 가까웠으나, 동시에 여전히 전통적인 여성상에 애착을 갖고 있었다. 또 다른 부류의 페미니스트들은 점점 더 사회주의 좌파 노조나 정당과 연관을 맺으며, 특히 직업적 평등에 관심을 두고 있었다. 두 경우 모두 조직 내에서 활동하는 페미니스트든 독자적 페미니스트든 간에, 자신이 속한 진영의 사람들을 설득해야 했고, 때론 가혹한 저항에 부딪혀야 했다.

직업적 평등은 여성들의 더 큰 자립 확보를 위한 핵심적 요체였다. 그러나 가정에 월급을 가져다주는 남편, 가정의 수호자라는 모델이 여전히 강하게 수용되는 한, 제도적·경제적 결정권자들에게 이러한 요구는 받아들여지기 힘들었다. 그럼에도 불구하고 임금의 평등에 대한 요구(남녀 간 임금 격차는 매우 심각한 수준이었다)와 보다 폭넓은 직업 선택의 자유는 우선 과제로 자리 잡았다. 노동권 자체와 더욱 평등한 노동조건을 확보하기 위한 여성운동이 산발적이든 노조를 통한 조직적인 것이든 페미니스트들의 주장에서 핵심적인 역할을 했다. 예를 들어 1966년 벨기에의 에르스탈Herstal 파업에서는 로마조약*에 힘입어, 처음으로 남녀 간 임금 평등이 주요 이슈가 되었다. 로마조약은 유럽공동체가 탄생시킨 조약이기도 하다.

여성의 투표권과 참정권에 관련한 투쟁은 아직 그 열매를 맺지 않은 곳과 정치적 혁신이 이뤄지는 곳에서 시작된다. 예를 들어 일본에서는 새 헌법을 위한 투표가 진행되면서, 1948년 이스라엘에서는 건국과 함께, 아르헨티나에서는 페론 장군이 대통령으로 당선된 후, 그리고 1949년 인도와 중국에서는 탈식민지화

---

*   1957년 3월 25일, 이탈리아 로마에서 프랑스, 서독, 이탈리아, 벨기에, 네덜란드, 룩셈부르크 사이에 체결된 조약. 이 조약으로 유럽경제공동체가 설립되었고, 1958년 1월 1일부터 발효되었다. 로마조약은 동등한 임금 원칙을 포함한 남녀평등 원칙을 사회, 정치, 경제, 문화, 공공 부문 등 의사결정과 참여 모든 부문에 고루 확대했다.

가 이뤄질 무렵 여성들이 자신들의 권리를 주장하기 시작했다.

이집트에서는 여성 참정권 운동가 도리아 샤피크Doria Chafik 가 1951년 국회 앞에서 여성들의 행진과 연좌데모를 조직하고 이윽고 단식투쟁을 전개하면서 두각을 나타냈다. 그러나 결국 가말 압델 나세르 장군이 정권을 잡은 후(1956~1970)에야 여성 참정권이 주어졌다(1956년 투표를 통해 여성의 교육권과 노동권, 베일의 폐지, 아이의 출생을 부부가 스스로 결정할 수 있도록 피임을 포함한 조절 수단 허용 등이 함께 결정되었다). 하지만 이렇게 일정한 진보적 결정이 있은 뒤, 모든 반대파들과 페미니스트 단체들은 엄격한 탄압을 받아야 했다. 튀니지는 1950년대 부르기바Bourguiba(1957~1987) 대통령 때 무슬림 세계에서는 예외적으로 남녀평등에 관한 정책을 채택했다. 일부다처제를 폐지했으며, 여성의 의지로 이혼을 가능케 했고, 가족 내 권리의 평등권도 부여했다(재산 상속에 관해서는 예외였다). 법률적 권리의 획득과 임금 노동에 대한 접근에도 불구하고, 터키에서와 마찬가지로 아내는 남편에게 종속되어 가정에 머물러야 했다. 관습에 대한 위로부터의 개혁은 종교적 보수주의자들로부터 비판받았으며, 여성해방을 두려워하는 세력들의 저항에 직면했다. 페미니즘 연합의 역할은 단일 정당의 독재체제와 사회를 지배하는 가족주의, 윤리주의에 의해 그 활동이 제한되어 있었다.[40]

라틴아메리카에서 페루는 여성의 참정권을 허용(1955)한 마지막 나라였다. 그러나 독재를 이어갔던 아르헨티나와 브라질에서는 여성이 주체가 되는 모든 종류의 표현을 막았다.

베를린 장벽이 무너지기 전, 공산권 국가들은 일정한 형태의 평등 정책을 실시했지만 민주적 자유는 결핍되어 있었다. 1989년 이후 동유럽에서는 여권의 후퇴가 이어졌다. 특히 낙태의 권리나 가사노동에 대한 집단적 책임의 후퇴가 두드러졌다.

냉전 이후 공산주의에 대한 거부감은 반페미니즘 정서나 유엔이나 유럽이 제안하는 평등주의적 요청에 대한 반감을 제공했다.

프랑스에서는 여권 신장을 위한 국민회의, 프랑스여성연맹 같은 협회가 활동을 재개했다. 한편 이베트 루디Yvette Roudy를 중심으로 한 사회주의적 페미니스트들은 여성민주운동을 결성했다. 1946년 성평등이 헌법에 명시된 후 노동권과 시민권 그리고 부모의 권리에 있어서 이 가치를 적용해나가는 문제가 과제로 남아 있었다. 공산당 진영에서 반대를 표명했던 피임 캠페인은 레지스탕스 출신의 젊은 세대로부터 지지를 받았다. 산부인과 의사 앙드레 라그루아 베일-알레와 알제리 전쟁을 열성적으로 반대했던 사회학자 에블린 쉴르로는 1956년 '행복한 모성(Maternité heureuse)'이라는 운동단체를 설립했다. 1960년 이 단체는 프랑스가족계획운동협회(MFPF)로 바뀌어, 마거릿 생어가 이끄는 국제조직과 연계되어 활동했다. 1946년에 설립된 기독교계 여성청년(Jeunes Femmes) 단체와 세속 단체들의 지원에 힘입어 프랑스가족계획운동협회는 전국 조직이 되었으며, 1967년에

채택된 피임 관련 법인 뇌비르트Neuwirth법[*]이 통과(1974)되는
데 결정적인 역할을 했다.[41]

시민 평등권 투쟁은 마침 든든한 수호자들을 만나게 되는데,
그중 법률가 장 카르보니에Jean Carbonnier는 1965년 채택된 기혼
여성의 재산에 관한 법률과 부권을 부모권으로 교체한 1970년
의 법률 채택을 통해서 지난 세기부터 시작된 오랜 투쟁이 결실
을 맺는 데 기여했다. 1975년 채택된 상호 합의에 의한 이혼법
역시 이 개혁주의 여성운동에 부분적으로 빚을 지고 있다고 할
수 있다.

민법적 족쇄를 끊어내고 피임의 권리를 획득하기 위한 개혁
주의 페미니즘 운동의 입법 성공의 사례는 대부분의 북반구 국

---

[*]   1967년 제정되었으며, 피임약 제조 및 수입을 허가하지만 사회보험에
의해 환급받을 수 없으며 의사의 처방전이 있는 경우 약국에서 피임약을 살
수 있도록 한 법이다. 미성년자의 경우 부모의 동의가 있어야 피임약을 살 수
있으며 선전 및 상업광고는 금지했다. 이 법은 여성의 피임할 권리를 위한 첫
걸음이었지만 여전히 임신 중절은 금지된 상태였다. 프랑스에서 임신 중절 합
법화는 68혁명 이후, 1970년대 이루어진 여권운동의 결실 중 하나다. 강간으
로 임신해 낙태 수술을 받은 소녀와 어머니가 법정에 서게 되자, 시몬 드 보부
아르를 비롯한 여성 343명이 '우리도 낙태를 했다'고 선언하면서 사회적으로
큰 파장을 일으켰다. 이 재판이 불러일으킨 여론으로 1974년 12월 20일 베
유법(Loi Veil, 자발적 임신 중절에 관한 법률)이 통과되었고, 1975년 1월 17일에
공포되어 임신 중절이 합법화되었다. 1979년 여성들이 적절한 장소에서 임신
중절 수술을 받을 수 있는 임신 중절 센터가 생겨나기 시작했고, 1982년에는
임신 중절 수술 시 의료보험 혜택을 받게 되었다.

가들에 영향을 미쳤다.

남반구 국가들에서 페미니스트들의 의제는 국가 개발의 차원에서 국제·국가 기관들과 좀 더 밀접하게 연계되어 있었다.[42] 국제여성의회, 국제여성연대, '평화와 자유를 위한 여성국제연맹(WILPF)' 같은 협회들이나 공산주의 성향의 국제여성민주연합, 전국 규모의 민간단체들은 유엔 내에서 이뤄지는 페미니스트 활동에 대해 주의를 기울이게 되었다.

제도적 주체

1945년부터 성평등 운동의 움직임은 이제 막 출범한 유엔의 새 조직 준비 과정에서 생겨났다.[43] 인권 선언문에 남성의 인권만이 아니라 여성 인권도 명시해야 한다고 확신한 소수의 페미니스트 대표사절(브라질 대표사절 베르타 루츠 같은)들은 샌프란시스코에서 채택된 헌장에 성평등 조항을 넣기 위해 투쟁했다. 그곳에 모인 여성들 중에서도 유엔 내에서 사회문제를 담당하는 여성은 극소수였다. 페미니스트들은 1948년에 채택된 세계인권 선언문에 차별받지 않아야 하는 기준의 예시에 인종 옆에 성별을 삽입하게 하는 데 성공했다.[*] 거기서 한 걸음 더 나아가 인권위원회의 설치로 충분하다고 판단한 영국과 미국의 페미니스트들의 소극성에도 불구하고, 인권위원회 산하에 여성인권위원회가 인도 대표인 한사 메타Hansa Mehta(1897~1995)의 주도로 설치되었다. 당시 그녀는 전인도여성위원회 대표였다.

이 조직은 시민단체들과 긴밀한 연관을 맺고 있었으며, 여성의 정치적 권리(1952), 기혼 여성의 국적(1957), 여성의 시민권, 특히 결혼 문제와 관련한 협약(1962)이 회원국들 사이에 이뤄질 수 있게 만든 근원이 되었다. 이 위원회는 할례와 교육의 문제도 다뤘다. 사회주의 국가들의 대표단의 요청에 따라 이 위원회는 1975년 '세계 여성의 해' 선포를 주도하기도 했다. 그해부터 10년간을 '여성을 위한 유엔 10개년(United Nations Decade for Women)'으로 정했으며, 여러 차례 국제회의를 열었다(1975년 멕시코시티, 1980년 코펜하겐, 1985년 나이로비, 1995년 베이징에서). 이 같은 시도들은 세계 페미니스트 시민단체들과 여성협회들이 만나 논의할 수 있는 포럼의 장이 되었고, 매번 동시에 개최되었다. 그리하여 1975년 멕시코에서는 볼리비아 원주민 출신인 도미틸라 바리오스 드 춘가라Domitila Barrios de Chungara(1937~2012)가 미성년 여성 조직의 대표로서 자국의 독재를 폭로하기 위해 국제무대에 서기도 했다. 나이로비에서는 수천 명의 여성들이 아프리카 여성들의 집단행동을 지지하는 집회를 열었다. 유엔에 진출한 페미니즘은 냉전과 식민지주의로 빚어진 대립에도 불구하고 법률가들

---

*   제2조 "모든 사람은 인종, 피부색, 성, 언어, 종교 등 어떤 이유로도 차별받지 않으며, 이 선언에 나와 있는 모든 권리와 자유를 누릴 자격이 있다."

과 의회, 페미니스트들이 국제무대를 통해 여성의 권리에 대한 의제를 전개하는 데 중요한 역할을 했다. 페미니즘의 제도권 진출은 1960년 말부터 등장하기 시작한 급진 페미니즘으로 강화되었다. 이들은 반정치문화를 선포하고, 개량주의 페미니스트에 대항해 일어났다.

1975년 세계 여성의 해는 세계 곳곳에서 수많은 여성운동을 촉발하면서 전 지구적 차원에서 역동적 영향을 미쳤다. 스페인에서는 포스트-프랑코주의자들의 움직임이 있었고, 포르투갈과 그리스, 이란,[44] 사하라 이남 아프리카에서도 여성운동이 전개됐다. 1979년에는 유엔총회에서 여성차별철폐협약(CEDAW)이 채택되었다. 1993년에는 유엔 여성폭력철폐선언문이 채택되었다. 여성차별철폐협약은 오늘날까지도 법률적으로 중요한 기준이 되고 있다. 2003년에 이 협약은 모로코의 페미니스트들에 의해 덜 차별적인 가족법 채택을 위한 하나의 근거로 제시되기도 했다. 논란의 대상이었던 젠더 관점의 주류화(mainstreaming of gender)*가 유엔에서 채택되면서 2000년대부터 포퓰리스트들과 종교적 우파들로부터 주된 비판을 받았다.[45]

---

* 여성이 사회 모든 주류 영역에 참여해 목소리를 내고 의사결정권을 갖는 형태로 사회 시스템 운영을 전환하는 것을 말한다. 정치·경제·사회정책을 통합적 차원에서 기획·실행·감시 및 평가함으로써 여성과 남성이 동등한 혜택을 누리고 불평등이 발생하지 않도록 하는 전략이다.

20세기 후반에는 여권 신장을 위한 투쟁의 또 다른 형태의 제도화가 또렷한 족적을 남겼다. 유럽 차원의 단체가 만들어지기 전에 국가 단위의 제도적 장치들이 탄생했다. 1961년 12월 미국에서는 엘리너 루스벨트Eleanor Roosevelt*가 이끄는 여성의 지위 위원회가 발족했다. 이 위원회는 남녀 간 임금 평등의 필요성, 육아의 사회적 책임, 출산 휴가 등에 방점을 두었다. 이 같은 위원회의 설치는 미국의 각 주정부에 같은 위원회가 발족되는 것으로 이어졌다. 이러한 조직망은 전통적인 좌파 성향에 가까운 전미여성기구(National Organisation for Women: NOW)의 전신이 되었다.

베티 프리단이 공동 창립자로 참여한 전미여성기구(NOW)는 남녀 간의 동등한 권리에 관한 법률 개정안과 직업에 대한 동등한 접근에 초점을 맞추었다. 포드재단, 흑인여성협회, 자유시민 미국여성연합 같은 단체들은 이들의 활동에 지지를 보냈다.[46]

프랑스에서는 1974년 발레리 지스카르 데스탱 대통령이 여성의 권리를 담당하는 최초의 정무장관을 임명했다. 저널리스트 프랑수아즈 지루가 그 자리에 임명되었는데, 자신이 제안한 101가지 정책을 펴는 데 예산과 정치적 지지가 부족하다는 것

---

* 1884~1962. 미국의 32대 대통령 프랭클린 루스벨트의 부인으로, 1945년부터 1951년까지 유엔 대사를 지냈다. 1946년에는 유엔 인권위원회 의장으로서 세계인권선언을 기초하는 데 중요한 역할을 했다.

을 깨닫고 오래지 않아 사임했다.[47]

이러한 조직들은 남성 지배 구조나 여성성의 코드, 젠더적 속박 등에 대한 근본적인 의문을 제기하지 않은 채, 여성의 사회적 지위나 노동조건 등에 있어서 성적 불평등의 보완과 조정 등의 차원에서만 사고했다. 법적 차원에서는 적절했을지 모르나, 1960년대부터 조직되어온 여성해방의 보다 급진적 전망을 요구하던 새로운 세대의 요구에는 답하지 못했다.

8. 페미니스트 운동의 급진적 변모(1960-1980)

여성해방운동들(1960-1970)

1960년대 여성해방운동의 등장은 페미니즘의 역사를 근본적으로 전복시켰다. 그들의 운동이 입증한 군중 동원력에서뿐 아니라, 젠더라는 영역에서 가져온 변화의 지속적인 흔적이라는 차원에서 그러했다. 혁명적이고 정신분석학적인 정치 이론의 비판적 접근을 통해, 여성해방운동은 급진적으로 성평등과 여성해방의 의미를 갱신해나갔다. 이 운동들은 물론 무에서 출발한 것은 아니었다. 이들의 운동은 미국과 유럽, 일본, 북미, 라틴아메리카 등지에서 선배들의 이론적·정치적·전략적 선택에 반해 탄생한 것들이기 때문이다.

서로 이질적인 모습을 가진 이 여성해방운동들은 그 혁명

적·유토피아적·도발적 면모를 통해 두드러진 존재감을 드러냈
다. 이들은 1960년대의 반문화 운동, 미국 흑인들의 시민권 운동
과 베트남 전쟁 반대 운동, 신좌파 운동, 학생들의 반란과, 마오
주의·트로츠키주의 등의 극좌 운동, 성소수자 운동, 남미에서의
사회 정의를 위한 운동, 아시아와 아프리카에서의 국가해방운동
등 1960년대 지구 곳곳에서 일어났던 운동들로부터 출발했다.[48]

이 성난 여성들로 구성된 새로운 세대는 여성의 고등교육과
여성 임금 상승과 같은 민주화 초기의 혜택을 누리며, 자신들의
경험을 나눌 필요를 느꼈다. 여전히 겸손한 태도와 정숙함으로
연결되는 여성성의 지배적 규범에 숨막혀하던 그들은, 동시에
자신들을 소외시키거나 새로운 지령을 통해 그들을 지나치게
자주 대상화하면서 성적 해방으로 이끌어가려는 기존의 페미니
스트 운동가들에게 속은 듯한 느낌을 갖기도 했다. '부르주아'로
불리는 그들의 공통된 불만과 요구를 드러내는 행위는 여성 인
식의 확산을 위한 필요이자 정치적 도구로 그들에게 다가왔다.

억압적 사고의 틀에서 벗어나기 위해 그들은 1967년엔 미국
에서, 1970년대에는 여러 나라에서 운동을 조직하기 시작했다.
은밀한 대화의 장, 특히 섹슈얼리티에 대해서나 정체성 탐구에
관한 생각들을 나누기 위한 여성들만의 토론 그룹들이 결성되
었다. 이들의 집단적 대화는 여성에 대한 여성 스스로의 지식,
전문가들이 전해주는 지식이 아니라 스스로 발견해가는 또 다
른 지식을 탄생시키는 데 그 목적을 두고 있었다. 그들이 공통적

으로 경험한 것들은 억압과 지배라는 언어로 분석되었고, 이러한 자각은 각각의 여성들을 소외로부터 해방시키는 결과를 가져왔다. 여성 문제를 정치화하는 방식은 이미 19세기 페미니스트들의 폭로에서부터 자리 잡아온 것이었다. 그들은 자신들만의 방식으로 사회를 송두리째 바꿔버리겠다는 혁명가적 야심으로, 그리고 여전히 금기로 남아 있는 새로운 주제들을 비판적 시선으로 다루면서 새로운 영역들을 향해 나아갔다. 낙태, 폭력, 강간, 섹슈얼리티, 동성애, 몸과의 관계, 클리토리스가 느끼는 희열, 커플 관계의 거북함, 모성의 양면성. 페미니스트들의 일반적인 주제들 역시 다뤄졌다. 일반적인 성차별, 분담되지 않는 가사 노동, 여성 폄하, 여성에 대한 부정적이고 정형화된 묘사가 지니는 무게, 특히 직장에서의 차별 등. "개인적인 것이 정치적인 것이다" 혹은 "사적인 것이 정치적인 것이다"[49]라는 슬로건들은 당시에 떠오른 새로운 사고를 잘 집약해준다. 이러한 인식은 "우리 여성들은…"으로 시작하는 새로운 방식의 여성 연대의 이상향을 모색하게 했다. 덜 자유주의적이거나 종교적 색채가 강한 나라들에서 성적 영역에 대한 소통은 상대적으로 적었으나, 정치적 일탈이나 자립에 대한 필요성은 페미니스트들의 다양한 시도의 원천이 되기도 했다.

1970년대 말에 나온 튀니지의 타하클럽Club Tahar의 보고서에는 이런 제목이 붙어 있었다. 〈우리 자신에 의한 우리!〉 여성들이 처한 공통의 운명은 계급, 인종, 종교, 문화의 차이를 넘어서는 휴머니즘적 보편적 이상에 따라 국경을 초월하게 했다.

프락시(실천)나 비판적 잠재력 같은 새로운 급진적 페미니즘의 성공(개인적, 집단적인)은 1960~1970년대의 여성들이 침묵으로부터 탈출하고 여성에 대한 고정관념을 깨고자 하는 욕망이 얼마나 강했는지를 드러내준다. 페미니스트로서의 참여는 젠더에 대한 새로운 정체성을 표현하게 해주고, 그들의 개별화와 개인적 완성을 위해 족쇄에서 벗어나게 해줄 뿐 아니라, 가부장적 이데올로기가 온전히 부정되는 곳에서 여성들과의 정치적 연대와 우애를 맺게 해주었다. 전통적 정치로부터의 일탈과 함께 이러한 움직임은 '여성운동'(남성들도 때때로 참여하긴 했지만)으로 자임하며 새로운 집단적 정체성을 통해 활동가 그룹을 넘어서 새로운 주체성을 갖게 했다. 소규모 그룹들이 사적 공간에서나 직업적 공간에서, 혹은 사는 지역이나 정치 성향에 따라, 혹은 성적 지향이나 종교적 지향에 따라, 민족이나 인종에 따라 무리지어 생겨났다(흑인 페미니즘, 푸에르토리코 출신, 멕시코계 미국인, 원주민 등). 전체를 총괄하는 중앙 단위가 없다 해도 활동가들이 표방한 집단적인 역동성이 만들어졌고, 활동가들은 그 소속감 속에서 운동을 전개해나갈 수 있었다. 주장의 전파 또한 수많은 신문이나 잡지들을 통해서 이뤄졌다. 이 매체들은 생각을 전파하는 도구인 동시에 집단적 문제 제기를 위한 집단적 운동의 출발점이나 집결지를 알리는 정보 전달의 창구이기도 했다.

새로운 개념적 도구와 이론의 분화

《제2의 성》(1949)은 여성성에 대한 비평과 여성성에 대한 과거와 현대의 신화에 영감을 주는 이론서 중 하나다. 신화들은 여전히 여성들에게 영원한 타자성과 남성 시각의 거울의 역할을 부여해왔다. 이 책에서 시몬 드 보부아르는 정치적·정신분석학적인 이론을 토대로 한 비판을 통해 섹슈얼리티에 대한 개척자적 사유를 전개한다. 1963년 베티 프리단은 《신화가 된 여성》에서 중산층 여성들이 느끼는 "정의할 수 없는 거북함"을 추적하며 시몬 드 보부아르가 남긴 흔적을 따라간다. 1920년부터 대학교육을 받은 여성 시민들도 무료한 삶을 영위하는 어머니나 아내 역할, 근대화된 가정 내에서 소비자 역할에 갇혀 있었다. 그들은 보수주의자나 안티페미니즘 이론의 함정에 빠져 있었다. 1947년에 등장한 페르니난드 런드버그Ferdinand Lundberg나 마리나 F. 파넘Marynia F. Farnham 같은 이들은 프로이트의 이론을 대중화해 여성의 종속적 역할을 강화하는 진부한 규범적 결론으로 이끌어갔으며, 안티페미니스트 이론으로 인기를 끌었다.

1960년대의 페미니스트 활동가들은 제도와 이데올로기에 대해 문제 제기를 하면서 보다 정치적인 노선의 페미니스트 사상을 급격히 진화시켜갔다. 케이트 밀레트(1934~2017)는 《성의 정치》라는 저서를 통해, 성관계나 '성'이라는 카테고리의 함의에 이르기까지 정치제도로서 가부장제가 사회에 미치는 영향을 분석하며, 그 막강한 중요성을 입증해 보였다. 그녀는 미국 연구자 존 머니John Money와 로버트 스톨러Robert Stoller가 생물학을 하나 의 가치체계로 접근하기 위해 성과 젠더 사이의 유사성과 차이 점에 대해 진행한 연구에서 영감을 얻었다.

슐라미스 파이어스톤Shulamith Firestone(1945~2012)과 저메인 그리어Germaine Greer도 여성성에 대한 고정관념과 거짓 이론들 에 관해 "생물학의 독재"라며 공격했다. 이들은 프롤레타리아 혁명이 계급의 폐지를 가져올 수 있는 것처럼, 두 성 사이의 계 급 또한 여성들의 투쟁에 의해 사라져야 한다고 믿었다. 프랑스 에서는 사회학자 크리스틴 델피Christine Delphy 같은 유물론적 페 미니스트들이 등장했다. 나중에 페미니즘 마르크스주의 행동 (Féminisme Marxisme Action)으로 개명된 여성남성미래(Féminin Masculin Avenir: FMA)에 참여했던 그녀는 여성 계급을 아이를 재생산하고 가사노동을 무상 제공하는 자로 취급하며 착취하 는 시스템을 이론화하기 위해 마르크스주의로부터 영감을 얻었 다. 이 같은 새로운 세대는 여성 인권운동의 일탈자로 스스로를 자리매김했다. 미국에서는 이들을 '제2세대'라고 불렀고, 프랑스 에서는 때때로 '페미니즘'이라는 어휘를 사용하는 것 자체를 주 저하면서 '0세대'라고 칭했다. 그들에게 페미니즘은 지나치게 과 거의 참정권 운동을 연상시키는 어휘로 여겨졌으나, 결국 받아 들이긴 했다.

남성 지배에 의한 압제와 반이성의 다양한 형태들을 폭로한

책들이 다수 출간되었다. 이탈리아 여성 엘레나 지아니 벨로티 Elena Gianni Belotti의 교육에 관한 저서 《소녀에 관하여》, 미국 여성 수전 브라운밀러가 강간에 대해 쓴 책 《우리의 의지에 반하여: 남성, 여성 그리고 강간의 역사》, 영국 여성 에린 피제이Erin Pizzey 가 쓴 부부 간 폭력에 관한 저서, 줄리엣 미첼이 쓴 정신분석학 에 관한 책 등이 그것이다. 이러한 책들은 사고를 확장시켰고, 잘 알려지지 않았던 젠더 간의 사회학적·심리학적 현상들을 널리 전파했다. 저자들은 직장이나 광고에서 착취당하는 여성들을 포함해 공적·사적 영역에서 벌어지는 다양한 형태의 성차별을 다루고 있다.

영원한 여성상으로 일컬어지는 이미지에 대한 하나의 해답은 여성의 역사를 탐구하는 것이며, 여성의 역사에 대해 위풍당당 한 무지를 자랑하는 모든 학술적 지식이나 예술의 보편적 상식 에 근본적 문제를 제기하는 것이다. 반反성차별주의는 페미니스 트 운동과 분석에 있어서 키워드다. 일부 남성들이 여기에 반응 했다. 브라질의 독재자에 항거한 투사 페르난도 가베이라는 자 신의 마초성을 폭로함으로써 큰 지지를 얻은 바 있다.[50]

고유한 여성성을 해체하는 데 일정한 합의가 이뤄졌다면, 차 이의 개념을 둘러싸고는 지극히 상반된 이론적 제안들이 도출 되었다. '보편주의자들'에게 차이는 위계와 불평등을 만들어내는 가부장적 카테고리다. 시몬 드 보부아르의 분석에 근접한 유물 론적 페미니즘은 이러한 보편주의자의 입장에 합류했고, 잡지

《현대 *Les Temps Modernes*》에 고정 코너를 만들어 "일상적 성차별"을 폭로하기도 했다.

반면 '차이 페미니스트들'에게 차이는 재점유와 전복의 핵심적 지대다. 차이는 여성의 육체와 그들이 갖는 느낌, 남성 우월주의를 덜어낸 정신분석 이론에서 영감을 얻은 분석 도구들을 통해 여성성을 새롭게 재발견할 것을 제안한다.

프랑스에서 차이주의자 혹은 본질주의자 노선은 정신분석학자 앙투아네트 푸크Antoinette Fouque*에 의해 창설된 정신분석학과 정치그룹에 의해 실현되었다. 이들은 뤼스 이리가레의 작품, 그중에서도 특히 라캉식의 정신분석학적 편견을 드러내는《다

---

* 1936~2014. 1936년 마르세유 태생의 정신분석학자, 작가이며 프랑스 여성해방운동사의 역사적 인물. 엑상프로방스에서 문학을 공부한 후 르네 푸크와 결혼, 파리 소르본대학에서 학업을 이어갔다. 1964년에 딸을 낳았는데, 출산과 양육의 경험은 여성에게 부과되는 가정에서의 임무를 인식하게 하고, 남성과 여성의 본질적 차이와 여성의 고유한 능력에 대해 눈뜨는 계기가 되었다. 68혁명 시기, 활동가들과 지식인들 사이에 만연한 마초성에 놀랐던 그녀는 여성해방운동(MLF)에 참여, 거기서 '정신분석학과 정치' 분과를 만들고, 정신분석학과 혁명이라는 전망을 동시에 갖는 여성해방의 장으로 이끌어갔다. 1969년부터 자크 라캉의 세미나에 참여해 정신분석학을 수학했고, 1972년에는 '정신분석학과 정치' 분과를 함께하던 활동가들과 출판사 '여성들(Les Femmes)'을 창립했다. 다수의 누벨바그 영화의 제작자이기도 했던 메세나 실비나 부아소나스가 출판사 창립자금을 지원했다. 1979년에 자신이 대표자가 되어 MLF를 사회단체로 등록한 데 이어 MLF를 고유상표로 등록해, 페미니스트계에서 전체의 소유물을 독점하고 상업화하려 했다는 비판을 받았다.

른 여성의 검시경⟪Speculum of the Other Woman⟫에서 영감을 받았다. 자크 데리다의 철학으로부터 영감을 받은 여성적 문체의 작가이자 학자인 엘렌 시유Hélène Cixous는 이 같은 감수성을 가진 또 다른 중요한 인물이다.

　이 반反보부아르주의자들은 페미니즘이란 용어 자체를 거부한다. 이 용어가 지나치게 남성 중심적이라고 보기 때문이다. 대신 페미니튀드feminitude(여성의 고유성)라는 단어를 내세웠다. 무의식을 탐구함으로써 남성적 질서와 문체, 상상력으로부터 여성성을 해방할 것을 주장하며, 문학적·언어학적 측면에서 라캉식 접근에 영감을 받은 포스트모던한 사회 읽기를 제안한다. 이들은 한 후원자의 지원을 받아 파리에 출판사를 설립하고, 파리, 리옹, 마르세유에 서점을 열어 전 세계에서 출간된 여성들의 저작들을 소개했다. 그러나 그들의 활동이 거둔 성공에도 불구하고, 종파적 맹점에 빠지며 스스로를 전체 페미니즘 운동에서 분리시켰고, 자신들을 유일한 여성해방운동(Mouvement de libération des femmes: MLF)의 창시자로 간주하며, MLF라는 상표를 공식 등록하기에 이른다. 미국 여성 지식인들은 이 조직의 이론적 제안을 각별한 예우로 맞이했고, 비록 그들이 프랑스 페미니즘의 다수파를 점하지 않았음에도, 그들의 이론을 프렌치 페미니즘이라 불렀다.

　미국에서 성차(gender difference) 사상은 정신분석학자 낸시 초더로Nancy Julia Chodorow가 거둔 성공과, 보다 평등주의적 관점에서 재조명된 철학자 캐럴 길리건Carol Gilligan의 '보살핌(care)'에 관한 저술들을 통해 발전했다. 이탈리아에서 이 정체성에 관한 접근은 철학자 루이자 무라로Luisa Muraro의 작업을 통해 큰 성공을 거둔다. 무라로는 또한 여성 연대의 독창적인 형태에 대해 설파하면서, 여성성과 모성의 대안적 이미지와 결부된 보다 정치적인 사상을 전파하기도 했다.

국제적으로 저명한 여성 철학자들 역시 성차주의와 관계없이 차이에 대해 사고하고자 했다. 네덜란드에서는 로지 브라이도티Rosi Braïdotti가 차이에 실린 부정적인 의미를 덜어내고자 애썼다.

프랑수아즈 콜린Françoise Collin(1928~2012)은 프랑스어권 최초의 페미니스트 잡지인 《카이에 뒤 그리프Cahiers du Grif》(1973)의 창립자다. 벨기에에서 처음 발행되었고, 뒤이어 프랑스에서도 나왔다. 이 잡지는 페미니즘을 하나의 실천으로 분석해, 상징성과 상상력을 동시에 자극함으로써, 각자의 고유성을 발견하고 자유에 이르게 하고자 했다.[51]

세상에 존재하는 대다수의 페미니즘에는 한 가지 공통점이 있는데, 여성 인사들과 모성, 그리고 여성 문화와 연관해 그들의 능력(천성적인 것이든 획득한 것이든)에 대해 갖는 강한 애착이 그것이다. 이러한 여성들의 능력은 여성 폄하뿐 아니라, 공적·정치적 영역에서 그들을 배제하려는 시도를 거부할 수 있게 해주는 근원이 되었다.

많은 페미니스트 그룹들이 좌파나 극좌 진영과 함께하는 투쟁 프로젝트와 연관을 맺고 있었으나, 정치 이론 계파들은 종종 화해하기 어려운 상황에 있었고, 이는 여성운동이 정치와 다른 형태의 관계를 맺을 수 있도록 독립적이고 자치적인 여성운동 건설에 대한 의지를 갖게 만들었다.

프랑스에서 '계급투쟁'의 경향은 페미니즘, 마르크스주의, 반자본주의와 연결되어 움직였다. 페미니즘의 성공은 정당과 노조에 '여성' 분과를 설립하도록 이끌었다. 그러나 여성 분과는 페미니즘 활동가들이 퇴조하는 시기가 되면 지탱하기 어려워지곤 했다.

분리주의적 경향: 레즈비어니즘과 블랙 페미니즘

페미니즘과 레즈비어니즘의 관계는 1970년대 서구의 급진주의 페미니즘에서 매우 밀접한 것이었다.[52] 수많은 레즈비언들이 페미니즘에 참여했고, 그들만의 목소리를 내왔다.

그들은 동성애를 하나의 질병으로, 레즈비어니즘을 눈에 보이지 않는 것으로 간주하던 성적 규범을 혁명적으로 바꿔놓는 데 기여했다. 프랑스에선 프랑수아즈 도본Françoise d'Eaubonne[*]이 그랬던 것처럼, 1971년 혁명적동성애행동전선(FHAR)의 창설에 참여한 레즈비언들은 결국 게이들이 우위에 서고자 하는 경향을 보이던 혼성 활동가주의로부터 등을 돌리고 여성해방운동(MLF) 쪽으로 접근해갔다. 그러나 미국에서 그랬던 것처럼, 페미니스트 운동 내에서 하나의 특별한 접근 방식(여기서는 레즈비언적)이 지나치게 부각될 경우 그 단체가 전체 운동으로부터 분리되는 효과가 나타났다. 미국 여성 질 존스턴Jill Johnston(1929~2010)은 1973년 이런 식으로 이성애 보편주의와 레즈비어니즘의 정치적 의미를 거부하는 비판자로서 목소리를 드높였다. 그의 비판은 '여성'이라는 카테고리와의 모든 연관을 거부하는 수준으로까지 나아갔다. 같은 논리의 연장선에서 프랑스 작가 모니크 위티그Monique Wittig(1935~2003)는 여성과 남성이라는 영역을 정의하는 규범 자체가 이성애적 관점에 근거하기 때문에 "레즈비언은 여성이 아니다"라고 선언했다. 그녀는 레즈비언 연속체(continuum lesbien) 분석에 반대했다. 레즈비언 연속체는 미국의 시인 애드리언 리치(1929~2012)가 제시한 개념으로, 그녀는 남성 지배적 이성애 규범의 틀 속에서 여성에게 가해지는 공통된 성적 억압에 초점을 맞추었다. 이 같은 분리는 지속되었고 미국에서 탄생한 LGBT 운동들은 페미니즘과의 뚜렷한

---

*   1920~2005. 철학자, 소설가, 작가, 페미니스트. 1968년에 설립된 여성해방운동(MLF)의 공동 창시자로 그 안에서 '에콜로지와 페미니즘'이라는 그룹을 이끌었고, 1978년 '에코페미니즘'이라는 사회단체를 설립해 에코페미니즘의 창시자로 일컬어진다. 저서로 《에콜로지와 페미니즘, 혁명인가? 변혁인가?》(1978), 《마녀 대학살》(1999) 등이 있다.

연관 없이 평행선을 그리며 발전해나간다. 레즈비언 활동가들은 그럼에도 불구하고 페미니스트들 속에서 활발히 활동하며 성소수자들의 요구를 점점 더 선명한 방식으로 통합하고자 했다. 정부의 공식적인 동성애 혐오, 라틴아메리카에서 치카노(멕시코계 미국인) 레즈비언들에 대한 반감에도 불구하고, 1990년대 나미비아에서 저널 《시스터 나미비아》가 발간되었다는 점이 그 사실을 입증해주는 하나의 사례다.[53]

또 다른 내부적 일탈의 주된 주제는 인종주의였다. 이 또한 미국 흑인 운동과 가까이 교류하던 미국과 영국의 블랙 페미니즘이 고발하는 여성해방운동 내에서 잘 드러나지 않는 측면이었고, 특수성에 대한 부정의 대상이었다.[54] 그들의 주된 요구는 성차별주의와 인종주의를 대립시키는 대신, 그 두 가지가 함께 얽혀 있는 부분들을 파악하고, 역사 속에서나 현시점에서 그러한 사실들이 어떤 결과들을 야기했는지 알아야 한다는 것이다. 다수의 페미니스트들은 노예제와 인종차별 속에서 흑인 여성이 이중으로 겪어야 했던 폭력의 역사를 간과해왔다는 지적을 받아왔다. 그리하여 흑인 남성이 백인 여성을 성폭행했다는 거짓 고발들이 흑인에 대한 린치를 정당화했는가 하면, 흑인 여성은 법적 처벌에 대한 두려움 없이 강간해도 되는 존재로 치부되며 희생양이 되었다. 흑인 여성들의 페미니즘은 그들의 여성으로서의 경험과 흑인 운동으로부터 분리되지 않으며, 자신들의 종교적 관습과도 단절되지 않고자 하는 의지, 혹은 레즈비언으로서의 정체성을 인정하고자 하는 의지에 근거하고 있다. 이 같은 집단적 정체성의 방식은 레즈비언 단체로서 다수 페미니스트들과의 연대 가능성, 심지어 페미니즘에 대한 거부까지 고려할 수 있는 문제를 제기한다. 벨 혹스Bell Hooks는 《나는 여성이 아닌가 *Ain't I a Woman?: Black Woman and Feminism*》(1981)라는 저서에서 페미니스트로서의 연대감을 저버리지 않는 가운데, 페미니스트 운동 내의 인종주의를 맹렬히 비난했다. 2000년대 프랑스 사회에 상륙한 이 같은 운동의 도약기에, 미국의 사회학자 퍼트리셔 힐 콜린스Patricia Hill Collins가 제안하고 킴벌레 크린쇼Kimberle Crenshaw가 법률적 관점에서 완성한 교차성(intersectionality)은 다양한 형태의 지배 이데올로기가 갖는 상호의존성을 가리키는 개념으로 인문학 속에 널리 확산되었다.

시인 글로리아 에반젤리나 안잘두아Gloria Evangelina Anzaldua (1942~2004) 같은 멕시코계 미국 페미니스트들과 라틴아메리카계 페미니스트들은 더 포괄적인 명칭인 '유색 페미니스트'를 제안한다. 실제로 아메리카 대륙의 원주민 운동에 참여하는 원주민 여성들 역시 페미니스트로서의 특화된 요구들을 이야기해왔다.

사하라 이남 아프리카에서 페미니즘은 유엔이나 여성운동과 연관된 여성단체들의 틀 안에서, 모성적 감수성에서 비롯된 권리와 평등에 대한 주장의 형태로 자주 표현되었다. 무엇보다 교육과 건강, 시민 평등권, 참정권, 그리고 가난과 폭력에 대항하는 투쟁이 우선시되었다. 지나치게 반남성적이며 서구적이라 평가받는 급진적 페미니즘에 대한 강한 반감에도 불구하고, 블랙 페미니즘과 흑인 레즈비언 단체들은 젊은 세대들의 급진적 반향을 종종 자극했다. 남아프리카공화국에서는 레즈비언들에 대한 교정 강간(레즈비언을 교정한다는 목적으로 행하는 강간) 사건이 활발하게 폭로되었다. 아시아와 라틴아메리카의 페미니스트들에게 그러했던 것처럼, 페미니즘이 서구의 지배 담론일 뿐이라는 반페미니스트들의 고발에 맞서기 위해서는 현지 여성들의 발언을 통한 페미니즘의 표명이 필요했다. 1984년 세네갈에서 창설된 월로프어로 된 단체들 Yeewu(깨어 있는), Yewwi(해방된)와 그들의 저널《저항*Fippu*》은 특화되어 있는 동시에 초국가적인 페미니스트 주체들이 어떻게 뿌리내리고 있는지를 잘 보여준다.[55] 그러나 경제적·종교적·정치적 분열의 심각성과 전쟁은 교육받은 도시 여성들을 넘어서서 페미니즘이 확대되는 것을 어렵게 만들었다.[56]

페미니즘 노선들 간의 분화는 그것이 집단들 사이에선 적절한 분화일지라도, 운동 전체를 위한 집단적 동력을 제공하지 못했다. 많은 활동가들은 엄격한 이론적 틀 안에 스스로를 가두기보다, 여러 곳에서 동기들을 얻고 그것들을 통해 또 다른 분석의 틀을 채택했다. 금기시된 여성의 육체적 경험에 대한 가치 평가는 이데올로기적 문제를 넘어 전 세대에 영향을 미쳤다. 아니 르클레르Annie Leclerc(1940~2006)의 책《여성의 말*Parole de femmes*》(1974)이 거둔 성공이 바로 이 사실을 입증했다. 그녀의 책은 여성의 정체성 탐색에 답할 뿐 아니라, 여성의 육체적·감정적 경험을 통한 여성성의 재평가에 대한 필요성에도 답한다.

그 밖에 과거와 현재의 여성 창작자나 활동가들이 되살려낸 영웅적 투사들은 모든 세대에게 새로운 긍정적 정체성을 제시한다. 다양한 이론적 대립에 의해 규정되지 않는 페미니즘 운동은 활동과 구체적인 요구들, 정치적·노조적 세력들, 일부 여론이 가세해 법률적 개혁을 요구하는 프로젝트들을 중심으로 조직되어왔다.

반문화 페미니스트와 연대기구들의 활약

단체활동과 신문이나 잡지 발행, 페미니즘 문학과 에세이 이외에도 급진적 페미니스트들은 선동과 눈길을 끄는 행동, 풍자적인 방식, 때론 공동체적 경험을 통해 페미니즘 정치 지형을 점유했다.

슬로건, 포스터, 그래피티, 캐리커처, 그림, 이미지의 변형, 노래, 시, 영화, 거리 연설, 해프닝, 예술/연극 퍼포먼스[57] 등은 반문화反文化(카운터컬처counter-culture)* 페미니스트를 만들어냈다. 카페, 서점, 보호센터 등은 이들의 사회활동을 위한 공간들이다.

1970년 8월 26일, 미국에서 여성 참정권 획득 50주년 기념으로 진행된 여성 대행진은 대규모의 인원이 참여하여 대성공을 이뤘다. 이에 대한 반향으로, 10여 명의 활동가들이 같은 날 프랑스 파리의 개선문 아래 모여 다음과 같은 현수막을 펼쳐들었다. "한 명의 병사보다 덜 알려진 사람: 그의 아내." 언론은 이 운동을 "여성해방운동" 혹은 "MLF"라 명명했다.

여론의 주의를 끌기 위해 매스컴을 탄 몇몇 대형 이벤트에 페미니스트 활동가들이 진입하기도 했다. 미국에서 열린 미스아메리카의 행진(그러나 그들이 자신들의 브래지어를 불태웠다는 얘기는 사실과 다르다), 영국에서 개최된 미스월드선발대회, 파리에서 잡지 《엘르》가 주최한 여성 삼부회** 등이 그것이다.

이러한 행동은 여성들의 삶의 모든 영역에서, 그들의 삶을 방해하는 모든 제도적 권력으로부터 자율성을 획득하기 위한 것이기도 했다. 일, 가족, 커플, 학교, 의학 등. 몸과 의학에 관한 활동을 하는 미국 보스턴의 페미니스트 그룹은 《우리의 몸, 우리자신Our Bodies, Ourselves》(1973)이라는 책을 출간했다. 이 책은 여성들이 자신의 몸을 발견하고 되찾고 스스로 돌볼 수 있도록 북

---

* 사회의 지배적인 문화에 반대하고 적극적으로 도전하는 문화로, 대항문화라고도 한다. 1960년대 미국의 히피, 동성애 해방운동, 여성해방운동 등이 이에 속한다.

** 1970년 페미니스트들이 모여 프랑스 여성들의 사회적 요구를 외쳤던 첫 번째 여성들의 '삼부회' 이후 40년 만인 2009년 11월 6일, 여성 잡지 《엘르》는 시몬 베유를 의장으로 하는 새로운 여성 삼부회를 개최해 여성들의 고민과 문제에 대해 논의했다.

돈았다. 미국에서만 100만 부가 넘게 팔린 이 책은 곧 여러 나라에서 번역되었다(프랑스에서는 1977년에 출간되었다).

건강은 출산의 권리를 포괄하는 주제이기도 하다. 남반구 국가들에서는 강제 피임에 대한 문제가 이 영역에서 다뤄지면서 폭로되기도 했다.

가장 넓은 연합 전선을 형성했으며 가장 상징적인 운동은 낙태권과 폭력에 관한 법률 투쟁이었다. 1950~1960년대 개혁주의 페미니스트들이 이미 이 문제를 다루었으나—일단 피임의 권리를 획득한 후—영국과 네덜란드에서 초기 법률을 제정하는 데 성공했을 뿐, 대부분의 다른 나라에서는 낙태를 금지했다. 이 때문에 수천만 명의 여성들이 생명의 위협을 무릅쓰고 불법적인 낙태를 해야 했다. 그러나 낙태 허용에 대한 저항의 목소리 또한 컸는데, 특히 종교계의 반대가 강력했다. 급진 페미니즘 운동은 여론을 불러일으키고 입법기관을 설득하기 위해 근본주의자로서의 태도를 드러냈다. 서명운동과 대중집회는 여성들을 낙태가 가능한 곳(영국이나 네덜란드 등)으로 보내는 구체적인 행동을 도모하기 시작했다. 미국에서는 강력한 대규모 집회들이 이어진 후, 1973년 미국 연방대법원의 로 대 웨이드 판결에 따라 낙태가 법으로 허용되었다. 그러나 극렬한 낙태 반대(pro-life) 단체가 판결의 적용을 방해하려 했고, 그들의 시도는 종종 성공을 거두기도 했다. 프랑스에서는 자신도 낙태 경험이 있음을 선언한 '343인의 성명서'가 1971년 4월에 발표되었다. 수많은 여성 저명인사들이 이 선언에 동참함으로써 마침내 낙태권 문제는 종지부를 찍게 되었다. 1973년에는 낙태피임자유운동(MLAC)이 결성되었고, 이들은 자신들의 요구를 관철하기 위한 다양한 역동성을 드러냈다. 활동가들을 결집하고 의사와 조합원들을 모아, 미국의 심리학자인 하비 캐먼Harvey Karman이 제안한 흡수 방식을 통한 불법 낙태시술 운동을 조직하는 급진적 행동에 나서기도 했다.[58]

소수의 페미니스트들이 강압적 낙태 금지도, 강제적 의학적 개입도 아닌 자유로운 개인의 선택을 요구하는 가운데, 또 다른 활동가들은 이러한 선택의 자유를 법률적 권리로 획득하기 위한 운동을 전개해나갔다. 프랑스의 변호사 지젤 알리미Gisèle Halimi*는 낙태를 한 소녀가 어머니와 함께 구속되자 이 사건을

---

* 1927~. 변호사, 페미니스트 활동가, 정치인. 튀니지에서 어린 시절을 보내고 파리로 건너와 법학 공부를 마친 후 변호사가 되었다. 열세 살 때부터 투철한 페미니스트였던 그녀는 사흘 동안 단식투쟁을 한 끝에 자신에게만 부여되던 가사노동을 오빠와 분담하도록 부모의 허락을 얻어냈고, 이를 일기장에 "투쟁 끝에 얻은 첫 번째 작은 자유"로 기록한다. 튀니지의 독립과, 알제리 독립을 위해 싸운 활동가였으며, 미국이 베트남 전쟁에서 저지른 전쟁범죄에 대한 조사위원회의 위원장을 맡기도 했다. 1971년 343명의 낙태 선언에 서명했으며, 낙태로 재판을 받게 된 열여섯 살 소녀와 그녀의 어머니의 변호를 맡아 승리로 이끌며, 낙태법 폐지의 초석을 놓았다. 1981년에는 사회당 의원으로 당선되어 선거에서 여성 의원에 관한 쿼터법을 발의해, 만장일치로 채택되기도 했다.

맡아 여론을 불러일으켰다. 그녀는 권위 있는 전문가들을 불러 낙태 금지로 인한 심각한 문제들을 폭로하게 했다. 당시 보건부 장관 시몬 베유Simone Veil는 1974년에 결국 통과되고 1975년에 시행된 낙태 허용 법안(5년간 시범 실시한다는 단서로)을 발의했다.[59] 수술에 임하는 의사들로 하여금 낙태를 거부할 수 있게 하는 하나의 양심 조항이 법에 삽입되어 있었으나, 그것이 낙태시술의 시행을 심각하게 방해하진 않았다. 이 조항이 1978년에 통과된 낙태 합법화 법안의 시행을 제한되게 만들었던 이탈리아와는 반대 상황이었다.

페미니스트 운동을 집결시킨 또 다른 근본적인 주제는 강간과 폭력이었다. 발언자 그룹들은 이 사안의 중요성을 명백히 했다. 여성에게 가해지는 남성들의 폭력은 평범한 성적 차이에서 오는 문제도, 커플 사이에서 벌어지는 단순한 갈등도 아닌, 남성 지배 구조에 그 사회적 책임을 물을 수 있는 사안으로 간주되기 전까지, 그 해악이 과소평가되어왔다. 이 사안에 대한 정치적·법률적 대응과 지원과 예방책이 불가피해 보였다. 페미니스트 그룹들은 피해 여성을 위한 지원이나 법률적 지원에 주력하며, 법안을 개정하기 위해 노력했다. 프랑스에서는 지젤 알리미가 낙태 소송 때 적용했던 것과 같은 방식을 1978년 벨기에서 온 젊은 여성 관광객들에게 행해진 강간 사건을 통해 시도했다.

활동가들과 미디어가 가하는 압력과 의회에서 진행된 작업들은 결국 1981년 법의 제정으로 결실을 맺었다. 이제 강간은 보다 명확한 개념으로 정의되었으며, 더 강력한 법률적 개입이 가능해졌다. 미국에서는 변호사 캐서린 맥키넌Catharine MacKinnon이 폭력과 성추행으로부터 여성들을 방어하기 위한 적극적인 행동에 나섰다. 그러나 매춘과 포르노그래피에 관한 그녀의 폭로들은 그녀가 우파 성향의 미국 종교집단이 저지른 행위들에 대해 다가서자 격렬한 논쟁을 불러일으켰다. 캐서린 맥키넌은 유고슬라비아 전쟁에서 저질러진 강간을 반인류 범죄로 인정하게 하는 데에도 진력했다. 전쟁 중에 저질러진 강간은 국제적 차원에서 페미니스트들을 움직이게 했다. 2차 세계대전 중 일본군에 의해 납치, 동원된 '한국인 일본군 위안부'들에 대한 진실규명은 역사 다시 읽기의 중요성을 잘 드러내주었다.[60] 한국에서는 변영주 감독의 다큐멘터리 영화 〈낮은 목소리〉와 페미니스트들의 움직임이 일본군이 운영한 '위안소'에서 벌어진 일들과 '한국인 일본군 위안부'들에게 닥친 비극적 운명에 대한 생존자들의 귀한 증언을 수집하고 세상에 전했다. 이들의 증언은 여론에 충격을 던졌고, 전쟁 중 벌어진 성적 폭력에 대한 문제에 민감한 질문을 제기했다. 그리하여 일본은 그들이 벌인 수탈에 대해 인정해야 했다. '위안부' 생존자들의 증언을 통해, 전쟁 중에 벌어진 강간 그리고 일반적으로 여성에게 행해진 성적인 폭력은 21세기 세계 페미니스트 운동에서 핵심적 주제가 되었다.

1970년대에 폭로된 성기 절취의 문제는 북반구와 남반구 국가들 사이의 연계에서 어려움으로 작용했다. '신체 절단

(mutilation)'이라는 용어 자체가 '여성 할례'의 모호한 의미를 마주해야 하는 페미니스트 진영에 논쟁을 야기했다. 이를 남성 할례와 등치시키는 것은 이러한 관례를 인류학적·상징적 근거를 내세워 정당화하는 문화주의적 사고 중 하나였다.

그러나 식민지 상황에 있던 페미니스트들이 아니라, 북반구의 페미니스트들이 남반구 여성들에게 행해지는 신체 절단의 문제를 폭로했다는 사실은 상황을 더욱 꼬이게 만들었다. 해방된 케냐의 첫 번째 대통령 조모 케냐타는 1964년 여성 할례 금지에 대한 요구를 반식민주의의 이름으로 거부했다.

한편 이집트에서는 정신과 의사이자 소설가이며 저명한 페미니스트인 나왈 엘 사다위Nawal El Saadawi가 1969년부터 이 할례의 관습이 여성의 성생활에 끼치는 재앙과도 같은 결과들을 폭로했다. 1980년 코펜하겐에서 열린 유엔 여성회의에서 아프리카의 페미니스트들은 북반구의 페미니스트 활동가들이 선정한 의제를 거부했다. 이 같은 반감은 5년 뒤에 열린 나이로비 회의에서 수그러졌으며, 1995년 베이징에서 열린 회의에서는 거의 자취를 감추게 되었다. 이를 통해 아프리카 국가들과 관련한 페미니즘적 의제들이 발의되어, 어떤 종교적 금기도 이 같은 신체 절단을 주장하지 않는다는 사실과 건강 보존의 명목으로 공공정책이나 지역정책이 여성 할례의 관습을 막을 수 있는 효과적인 방책을 실시하도록 설득했다. 절단된 신체를 복구하는 수술이 나와 있기는 하지만, 문제는 여전히 상존해 있다. 이는 이민자들의 삶 속에서도 여전히 남아 있는 사안이고, 이후 페미니스트들은 아시아 지역에서 이뤄지는 여성 할례의 관행에 대해서도 폭로하기 시작했다.

9. 페미니즘의 보급과 다원화(1980-2000)

1980년대에 이르자 급진 페미니즘은 그들을 지지해온 반체제적 정치 문화와 같은 리듬으로 흔들리기 시작했다. 여전히 중국에서 말하는 "하늘의 절반"이나 권위주의적 사회주의가 여성을 해방시켰다고 믿기는 어려웠다.* 정치, 경제, 종교적 위기, 기대했던 민주주의가 실망스러운 결과를 보여주는 현실을 직시하는 것 역시 힘든 일이었다. 1980년대 후반부터 진행되기 시작한 신자유주의 이데올로기의 세계적 확산, 1991년 소련과 동유럽 공산국가 진영의 붕괴는 그동안 불평등을 축소하기 위해 애쓰던 좌파 진영 모두에게 패배의 신호로 간주되었다. 연대와 협력

---

* "여성은 하늘의 절반입니다"는 마오쩌둥이 표방한 성평등 사회를 상징하는 발언이다.

의 정신에 기반한 모든 활동이 축소되고, 그동안 획득된 사회적 권리, 복지 제도에 대한 보수진영의 반격이 가속화되었다. 특히 보수 종교 진영이 조직화되어, 여성이 확보한 권리들에 집중 공격을 가했다. 특히 냉전 상황 속에서 확대된 낙태권을 공격하는 모든 종류의 근본주의 등은 호의적이지 않은 시절의 도래를 예고하고 있었다.[61] 공산권 몰락과 함께 냉전이 종식되면서 근본주의적 종교 세력이 강화되었는데, 이는 보수 가톨릭의 세력이 강했던 동유럽과 남미에서 시작해 이후 전 세계로 확산되었다. 소련의 영향력에서 벗어난 폴란드가 의회를 통해 처음 시도한 입법은 낙태를 다시 불법화하는 것이었다. 당시 폴란드 정부는 소련에게서 독립하는 데 큰 지지 세력이었던 바티칸의 협력을 바탕으로 이러한 퇴행적 입법을 시행했다. 과거 공산권 국가들에선 낙태의 권리, 결혼과 이혼에 대한 평등권을 비롯해 여성의 정치사회적·경제적·교육적 권리가 보장되어 있었다. 그러나 공산 체제가 무너지자마자 과거로 회귀하고자 하는 공격적 시도들이 세계 곳곳에서 자행된 것이다.

활동가들에게서 일정한 퇴조 현상이 나타난 반면, 여성학이나 여성학 이론, 대학 연구소, 정부 부처, 국제기구 내에서, 종교 집단이나 환경단체 같은 새로운 영역, 반체제 정치세력 등에서도, 특히 대중문화에서 미디어를 통해 페미니즘 사상이 확장되고 개선되는 정황이 뚜렷하게 드러나기도 했다.

여성과 젠더에 대한 페미니스트들의 연구

개척자 역할을 했던 미국에서의 확산을 포함해, 여성과 젠더에 대한 연구와 학문의 국제적 파급은 1970년대 활동가들의 대안적 지식의 첫 번째 시도가 맺은 직접적인 열매였다. 페미니즘에 대한 연구는 자신들의 전문적 공간에 페미니스트들의 문제의식을 이식하고, 학문적 전문성을 더해준 대학 연구자들에 의해 이어졌다. 그리하여 페미니즘에 대한 지적 생산은 남성 지배의 형태와 그 수단들, 그것이 여성의 삶에 미치는 결과들에 대한 다양한 이론들을 발전시켜가며 모든 영역에서 진정한 도약을 이루게 된다.

1990년대 말 젠더라는 개념은 확고한 자리를 차지하게 되며, '여성'을 주제로 하는 방법론적 차등주의가 야기하는 난관을 극복할 수 있는 관점을 제공해주었다.

젠더 개념은 사회가 성적 위계로부터 권력관계를 형성하는 방식에 의문을 제기한다.[62] 철학자 주디스 버틀러는 저서 《젠더 트러블》에서 '젠더'의 개념을 '섹스' 개념을 포괄하는 것으로 급진화시키며, 구별(차이 그 자체가 아니라)은 차별을 생산하는 과정으로 분석한다.

레즈비언적 문제 제기에서 탄생한 소위 퀴어queer(초기에는 모욕적인 의미였으며, 동성애자에 대한 혐오의 표현이었으나, 도발적 의미에서 새롭게 수용된 어휘) 이론적 접근은, 그 자체가 생물학적인 것을 포함한 여러 접근 경로를 가지고 있으며, 정체성 전환(transidentity) 부터 성전환(transexuality)에 이르기까지 인식론적 사유를 심화 시켰다. 섹슈얼리티와 남성성, 문화적 고정관념, 성별 간·인종 간·계급 간의 연관성 등에 관한 학습 과정도 개발되었다. 대안 세계화에 관한 여러 편의 저작과 '유색 여성들'의 운동은 인종주의와 서구 제국주의에 대한 포스트 식민지적 관점에서의 문제 제기를 이론화했다. 인종주의와 서구의 제국주의는 걸프전과 이라크 전쟁 이후, 제3세계 여성 또는 무슬림 여성에 대한 제한적이고 근본적인 시각을 생산했다는 비난을 받았다.

여성과 젠더에 대한 새로운 지식과 페미니스트 이론들은 젊은 세대가 페미니스트 활동가의 세계를 접하게 될 때 처음 만나는 도구가 되곤 했다. 이러한 지식들은 성평등주의에 입각한 공공정책을 구상하는 데 있어서도 필수불가결한 것이 되었다.

성평등 정책과 양적 평등

젠더에 관한 학문적 지식들은 불평등의 정의와 그 방법들을 명징하게 밝혔다. 특히 직장 내에서의 '유리 천장', 교육 시스템 내에서의 진로 지도의 불균형, 정계에서의 성차별, 건강한 몸과 출산의 권리에 대한 정보 부족, 커플 간 폭력·강간·성희롱 등이 사회민주주의와 자유주의 정부들이 점점 더 개입하고 시정하고자 하는 젠더 불평등의 영역이었다.

이 같은 공공정책들은 법적 평등을 외치는 페미니즘 운동에 의해 설치된 여성 인권을 다루는 행정 단위들을 통해 진행되었지만, 많은 여성단체 활동가들도 참여했다. 1980년대 급진 페미니스트들 가운데 무시할 수 없는 수가 비판과 논쟁을 포기하지 않은 채, 개혁주의 정책 수립 과정에 합류했다. 정치권에서 양적 평등주의(남녀동수 내각 등의)에 대한 요구는 1992년 유럽여성회의에서 탄생했다. 조직 내부의 불화에도 불구하고 이 같은 유의미한 결실을 거둘 수 있었던 것은 여성단체들이 결집한 결과였다(2000년 법*). 이 법률은 투치족에 대한 학살을 겪은 르완다의 새 헌법에 적용되었고, '아랍의 봄' 이후의 튀니지에서도 채택되었다. 여성들의 정치적·경제적 책임 확대는 북반구와 남반구 모두에서 페미니스트들의 공통된 핵심 의제였다. 젠더는 일반적인 공공정책을 수립하고 심지어 폭력에 효과적으로 저항하는 데에도 유용한 도구였다.

'페미니즘 정부'의 도약은 더 많은 정부로 확산되었다. 퀘벡이 그랬고,[63] 프랑코 장군 사후의 스페인도 마찬가지였다. 라틴아메

---

* '양적 평등권'이라고 불리며 2000년 6월 6일 채택된 이 프랑스 법은 50퍼센트의 여성 후보를 채우지 않는 정당에게 재정적 불이익이 돌아가도록 함으로써 정당마다 남녀 동수의 후보가 지방선거, 상원선거, 유럽의회 선거에 나설 수 있도록 강제한다. 다만 총선은 강제적이지 않다.

리카에서 독재 종식 이후 민주사회로의 전환기에 등장한 페미니즘 운동은 시민단체들과 정부가 주도한 정책들에 의해 제기되었다.

페미니스트 단체들과 정부의 공식적인 여성 인권 기구들 간의 긴밀한 협력은 흔히 비영리정부기구화(NGorganisation)라 불리는 현상으로 이어지곤 했다. 이는 페미니즘 활동가들이 정부나 국제기구, 유럽연합, 특히 막대한 재정 후원처인 유엔의 재정 지원을 받는 단체에 들어가 직원이 된다는 뜻이다. 이러한 행동들이 미치는 영향에 대해서는 논쟁이 이어졌다. 특히 라틴아메리카의 급진 페미니스트 그룹들은 시민단체들의 정부나 유엔에 대한 의존 관계를 비판했다. 소수민족이나 성소수자 문제가 배제되었고, 그 결과 페미니스트 진영의 탈정치화로 이어졌다.[64] 유럽에서는 '페미민주주의자(fémocrates)'들이 비판의 중심이 되었다. 그러나 일부 연구들은 이들이 피해 여성들과 페미니스트 단체들을 위한 제도권으로부터의 지원에 무시할 수 없는 영향을 미쳤음을 입증하고 있다.

페미니즘의 발전은 정치 영역에서만 머물지 않았다. 제도권 내에서의 강력한 영향력 확대와 더불어 새로운 영역에서도 전진을 멈추지 않았다.

종교적 페미니즘

1980년대부터 점점 더 많은 페미니즘들이 종교 영역에서 두 각을 나타내기 시작했다. 경전에 대한 성평등주의적 해석은 교단 내의 위계질서를 극단적으로 뒤흔들면서, 헛소리를 지껄이는 사람들처럼 취급되었다. 엘리자베스 스탠턴이 쓴 글 〈여성의 성경(The Woman's Bible)〉(1895)은 페미니스트들 사이에서조차 스캔들이 될 만큼 위험을 무릅쓴 도전이었다.

종교계에서 페미니즘이 좀 더 폭넓은 차원에서 만개하기 시작한 것은 1970~1980년대에 이르러서다. 먼저 기독교에서 그 움직임이 시작되었고, 유대교가 그 뒤를 이었으며, 이윽고 모든 종교에 퍼졌다. 여성의 종속을 강력한 원칙으로 내세우는 근본주의자들의 부상에도 불구하고 신학자와 활동가들의 헌신 덕분에 종교 내에서도 페미니즘이 확산될 수 있었다. 종교계에서의 페미니즘은 여성 인물들을 찾아나서는 연구에 있어 여성학과 젠더학에서 영감을 얻었으며, 종교의 규범이 되는 텍스트들을 다시 읽으며 거기서 남성 중심주의와 가부장적 원리들을 도려내고 급진적 방식으로 대안적인 해석을 제시했다. 특히 정통 유대교에서 이혼할 때 필요한 남편의 서명이 담긴 증서(guett) 거부권, 이슬람 교리와 하디스(이슬람교의 창시자 무함마드와 그 교우들의 언행록)에 대해 혁신적인 해석을 제시하기도 했다. 페미니스트들은 여성도 고위 성직자가 될 수 있다는 의지를 지지하고,

종교 관행과 의식들을 고쳐 나갔으며, 일부 페미니스트들은 위카Wicca*같은 새로운 종교를 만들기도 했다. 개신교와 자유주의적 유대교에서 이룬 괄목할 만한 성과들에도 불구하고, 여성이 고위 성직에 오르는 것을 방해하고 경전에 대한 재해석을 막는 장치들은 무수히 많았다. 종교 내 페미니즘 반대 세력은 여러 나라에서 동성애 부정 세력과 결합했다. 세속의 페미니즘과의 관계 또한 여전히 간단치 않았다. 무슬림 페미니즘의 출현은 이란 혁명이나 이슬람교도들의 테러, 특히 여성에게 강요되는 베일의 착용, 종교재판 같은 근본주의적 종교 세력과 관련한 논쟁이 일어나는 상황에서, 영국, 프랑스, 캐나다 같은 다문화주의 국가들 내에서 심각한 균열을 불러일으켰다. 이러한 갈등은 사람들 간의 지위가 매우 불평등한 무슬림 국가들에서는 유럽이나 북미 국가에서와 같은 수준의 논쟁을 불러일으키지 않았다. 성은 동등하다고 여기는 세력과 성을 분리해 생각하고, 성적 자유를 부정적으로 여기는 종교 세력들 간의 대립은 평등이라는 개념 자체에서부터 존재하는 것이었다.

---

* 영어권을 중심으로 확산된 신흥종교로, 제럴드 가드너라는 영국 공무원에 의해 1954년 처음 공표되었다. 자연주의적 성향과 여성 중심적이고 생태주의적 관점을 가지고 있다.

에코페미니즘

페미니즘의 영역을 확대하는 새로운 경향 가운데 하나가 생태주의 페미니즘이다. 생태주의 운동과 여성해방운동은 당시 서로 만나는 일이 거의 없었으나, 1970년대에 거의 동시다발적으로 일어났다. 에코페미니즘ecofeminism은 프랑수아즈 도본에 의해 1974년 프랑스에서 시작되었다. 1974년은 르네 뒤몽이 대통령 선거에서 생태주의자 후보로 나섰던 해이기도 하다. 프랑수아즈 도본의 에코페미니즘은 외국에서 더 큰 반향을 불러일으켰다. 1980년부터 다양한 분야에서 에코페미니즘이 제창되었다. 철학적·신화적·유물론적, 혹은 반군대적 시각에서 자연에 대한 남성의 지배를 여성에 대한 지배와 같은 관점에서 폭로하고, 여성에 대해서 높은 가치를 부여하는 관점이다. 미국의 로즈메리 래드퍼드 류터Rosemary Radford Ruether, 메리 데일리Mary Daly 등이 대표주자다. 에코페미니즘은 남반구 국가들에서 특별히 강력한 지지를 받았다. 환경 보호가 더 많은 사회적 정의를 위한 경제적 투쟁과 연결될 뿐만 아니라 대안적 세계화, 식민주의 비판, 원주민들의 자치권 투쟁, 유색 여성(에코여성주의)들의 투쟁과도 연결되기 때문이다. 물리학자이자 철학자인 인도 여성 반다나 시바Vandana Shiva*와 독일 여성 마리아 미즈Maria Mies는 가

---

* 1952~. 인도 출신의 핵물리학자, 철학자, 작가, 에코페미니스트. 자신의

부장적 자본주의 시스템이 종자들을 장악해 전통적인 농경문화와 생물다양성을 파괴하는 현상을 폭로했다.[65]

에코페미니스트들이 취한 입장은 1970년대 히말라야 인근 마을에서 시작되어 산림 파괴에 맞서 싸운 칩코Chipko 운동*에 서처럼, 여성들이 주도하는 운동과의 연대를 확실히 담보해왔다. 환경과 발전을 위한 여성 기구와의 연대, 1981년부터 그린햄 커먼 기지에서 시작된 핵미사일 기지 반대를 위한 평화적 야영과 환경보호를 위해 싸우는 아메리카 대륙의 원주민 여성들과도 연대했다.

고향인 데라둔 인근의 히말라야산맥이 개발 위기에 처했을 때 고향 마을의 여성들과 함께 칩코 운동으로 숲을 지켜냈다. 이후 본격적인 에코페미니즘 활동가가 된 그녀는 세계의 농민들과 함께 반세계화 운동을 이끌며 전 세계에서 자연을 식민화하는 거대 자본과 개발 세력에 맞서왔다. 1991년에는 NGO 단체 나브다냐('아홉 개 씨앗'이라는 뜻)를 발족해 토종 씨앗을 활용한 생태적 농업을 전파하는 운동을 벌였으며, 지금까지 5톤 이상의 종자를 농민들에게 무료로 공급해왔다.

* 1973년부터 벌목 위기에 처한 숲의 나무를 여성들이 한 그루씩 껴안고 먼저 나의 등을 도끼로 찍으라고 외치는 행동 시위. '칩코'는 '끌어안다'라는 뜻의 인도어다.

정치적 페미니즘

페미니즘과 정치의 관계는 밀접하다. 여성 정체성의 정치화, 신자유주의 반대 투쟁, 혹은 민주주의적 요구로서의 문제 제기 등의 이유로 두 가지는 긴밀하게 얽혀 있다.[66] 다양한 부류의 퀴어 집단들은 레즈비언들의 운동을 확대하고, 성을 이분하는 것에 문제 제기를 하며, 페미니즘과의 연대를 유지한 채 성 정체성의 정치화를 가장 중요한 이슈로 내세웠다. 그들은 젠더를 해체하고 인물들을 부각시키는 퍼포먼스를 연출하는 방법을 운동에 구사했으며, 트랜스젠더들의 이 같은 운동 방식은 사람들을 결집하는 각별한 계기를 만들었다. 섹슈얼리티를 정치의 장으로 여기는 이들의 접근은 성노동자로서의 지위를 요구하는 매춘부들과의 연대를 부추기기도 했다. 이러한 입장은 미국에서 기나긴 논쟁을 야기했다(페미니스트 섹스 전쟁). 이들은 유럽에서도 매춘 폐지를 위한 프로젝트를 지지하는 페미니스트들, 어린 소녀들의 성 상품화를 반대하는 페미니스트들과 적대적 입장에 서게 되었다.

신자유주의적 자본주의에 반대하는 운동과 결합되어 있는 또 다른 페미니즘 그룹은 남반구 국가들의 여성들이다. 대안 세계화 페미니스트 운동은 더욱 심화되어가는 불평등과 빈곤을 폭로한다. 일부 페미니스트들은 지나치게 정체성 지향적이고 문화주의적인 페미니즘의 일탈을 우려하기도 했다. 미국 철학자 낸시 프레

이저Nancy Fraser는 경제적 요인에 더 큰 경계심을 가질 것을 촉구하며, 페미니즘과 부의 재분배 프로젝트를 연결 짓고자 했다. 또 다른 철학자 샹탈 무페Chantal Mouffe*는 반헤게모니적 포스트 마르크스주의 페미니즘과 반反본질주의 사상을 발전시켰다.

남반구 국가 혹은 그 지역 출신 페미니스트들의 포스트 식민주의적 접근은 이론적·학문적 선택을 포함해 페미니즘의 정치적 영역에 선명한 빛을 비추었다. 인도 출신의 문학이론가 가야트리 차크라보르티 스피박은 이렇게 물었다. "하층민들이 발언할 수 있는가?" 역시 인도 출신의 미국 사회학자 찬드라 탈파드 모한티는 오리엔탈리즘과 인종주의의 효과에 대해 폭로했다.[67] 이들의 비판은 소수민족으로, 인종차별을 받는 유색 페미니스트들의 움직임과 수많은 '탈식민적 페미니즘'[68]의 목소리를 반영한 것이었다.

---

*　1943~. 벨기에 태생의 정치철학자. 포스트 마르크스주의계 사상가. 벨기에 루뱅대학과 파리 소르본대학에서 정치철학을 공부한 뒤, 영국 에식스대학에서 만난 평생의 동지 에르네스토 라클라우와 함께 《헤게모니와 사회주의 전략》(1985)을 출간하면서 세계적 주목을 받았다. 기존 마르크스주의의 경제결정론과 계급정치학을 비판하며 포스트 마르크스주의 논쟁의 중심에 서게 되었고, 좌파 포퓰리즘에 관한 이론서들을 내면서 새로운 좌파운동의 이데올로그로서 자리 잡아왔다. 그녀는 자신의 이론을 통해 "좌파 정치는 노동계급 정치"라는 오랜 금기를 타파하고, 민주주의의 확대를 요구하는 모든 운동이 좌파 정치의 토대라는 상식을 정립하고자 했다. 저서로 《좌파 포퓰리즘을 위하여》, 《포데모스: 인민의 이름으로》, 《정치적인 것에 대하여》, 《민주주의의 역설》 등이 있다.

2010년대 일어난 아랍 혁명의 소요 속에서 페미니즘 운동도 민주주의를 요구하는 사회 분위기와 함께 일어나 사적·공적인 가부장제의 규범들을 폭로했다.[69]

대중적·문화적 페미니즘

영국의 페미니즘 영화 이론가인 로라 멀비Laura Mulvey가 남성 시선에 대한 섬세한 분석(1975)을 통해 젠더의 코드들을 실질적으로 흔들어놓기 전부터, 1970년대 반문화 운동에서 문화와 예술은 핵심적 역할을 했다. 페미니스트들 사이에서는 전형적인 미학적 코드를 전복시키는 예술적 표현들이 발달해가고 있었고,[70] 이는 모든 형태의 예술과 예술사에서 여성해방의 문제를 대중화하는 데 기여했다. 이러한 행보는 1980~1990년에 이르러 퀴어 활동가들로부터 영감을 받은 예술 이론 작업의 영향을 통해서 점점 더 그 폭을 넓혀갔다. 그들의 퍼포먼스 같은 젠더에 대한 접근은 큰 반향을 일으키곤 했다. 남성성과 여성성, 몸과 섹슈얼리티를 규정하는 고정관념과 문법을 둘러싼 방대한 탐구가 시각예술, 조형예술, 문학, 연극 등의 다양한 장르에서 기존 모델을 해체하거나 새로운 것을 제안하기 위해 전개되었다. 연극 무대에서는 이브 엔슬러의 〈버자이너 모놀로그〉가 거둔 세계적 성공이 1970년대 페미니즘의 주제를 대중화하며 쇄신했다. 수많은 소수민족의 예술작품들이 전복적 페미니즘을 표현하기 위해 대중적 코드를 사용했다. 모든 경우 성적 상징은, 특히 레즈비언이라는 성적 상징은 문화적 페미니즘의 결정적인 표현 방식이었다. 또 대중문화는 '파워걸'이란 인물을 통해, 혹은 여성해방이나 폭력, 성전환 등의 주제를 다루는 시나리오들의 주인공을 통해 페미니스트들의 도전을 기록하기도 했다.

19세기에서 20세기로의 전환기에 그러했던 것처럼, 인물들과 새로운 문제들에 대한 열광은 소위 엘리트적 문화에서보다 대중적으로 여겨지는 매체들(노래, 소설, 영화)에서 더 자주 드러났다. 인터넷은 새로운 페미니즘 운동의 핵심 도구가 되었으며, 가장 폭력적인 안티페미니즘 공간이 되기도 했다. 미디어, 특히 여성 전문 미디어는 그 분야에 여전히 만연한 성차별주의에도 불구하고 대중적 페미니즘의 가장 핵심적인 배급자 역할을 했다. 페미니즘에서 영감을 얻은 방식들은 종종 이중적 성향을 띠곤 했다. 그것은 1960년대부터 이뤄진 깊이 있는 평등주의적 변화를 구현하는 동시에 여성성과 남성성을 상징하는 전형적 코드에 대해 강한 저항을 폭로하기도 했다. 사회 문화 분야로 옮겨갔던 평등주의적 제안들이 이 같은 모호한 이중성을 가지고 있었던 것처럼.

결론

2세기에 걸친 페미니즘의 역사를 종합해보는 과정을 마치며, 여기서 도출된 몇 가지 핵심적 결론을 서술해보고자 한다. 그 속에는 연속성과 불연속성이 함께 뒤섞여 있다. 평등과 자유라는 근본적 제안에서부터 여성 폄하와 성차별 폭로와 같은 몇 가지 지배적 패러다임들이 각각의 시기를 특징짓고 있다.

첫 번째 단계에서는 평등과 자유가 인권의 자유주의적 유토피아 혹은 혁명적 해방의 이상을 좇아 그 숨결을 드러냈다. 평등과 자유라는 두 가치는 노예제 반대와 평민 계급에 대한 착취를 반대하는 투쟁과 연결되어 있었으나, 사회 전체의 집단적 역동성은 반복적인 압제나 전쟁을 통해 억압되어 있었다.

두 번째 단계에 이르면 문제의식들은 진일보했으나, 그 줄기는 여전히 같은 지점에 머물러 있었다. 자유주의적이거나 혹은 사회주의적인. 이 시기의 사회·정치운동들은 민족국가의 출현이라는 맥락 속에서 구체적인 여성의 권리를 요구했다. 대중에게는 새로운 여성 인사들의 이미지가 널리 확산되고 있었지만, 이와 동시에 전통적 젠더의 개념은 페미니즘 운동이 이뤄낸 첫 번째 법률적 성취들, 사회경제적인 진보와 함께 균열을 보이기 시작했다. 핵심적인 긴장의 지점은 언제나 성평등에 대한 자신들의 고유한 문제의식을 발전시켜나가는 사회주의와 연결되어 있었고, 새로운 민족주의적 페미니즘의 원동력이 된 식민지주의, 반식민지주의와도 연관되어 있었다.

세 번째 단계에서 개혁주의 페미니스트들의 문제의식은 여전히 근본에 뿌리내리고 있는 가운데, 더욱 확대되고 깊어졌다. 북반구의 여러 나라에서 성차별은 여전히 생성되고 있었으나, 성평등은 사회적 가치로 자리 잡아가기 시작했다. 이 가치들은 페미니즘을 지지하는 강력한 세계주의의 흐름을 타고 남반구로도 전해졌다. 그러나 이 가치들은 남반구 사회에 뿌리내리고 있는 지역적 특성의 다양성과 제국주의적 모순, 포스트 식민주의가 주도하는 경제 개발 정책 등과 충돌을 멈추지 않았다. 특히 북반구 국가들의 통치 방식과 그들의 경제적 지배에 의해 기울어져 있던 인식과 갈등을 빚었다. 급진적 페미니즘은 1960년대의 주장들 속에서 태어났다. 당시의 페미니즘은 집단적·개인적 변화를 가져올 해방의 역동성을 부추겼다. 그들의 역동성은 다양한 차원에서 여성과 남성, 여성성과 남성성이라는 이분법적 개념을 전복시키면서 확대되어갔다.

이러한 문제의식은 활동가의 영역을 넘어서 젠더의 개념에 문제를 제기하는 지적 생산물과 예술 창작 분야에서도 세계적으로 확산되어갔다. 소수 레즈비언들, '퀴어나 유색 레즈비언 여성'은 새로운 논쟁적 문제들을 제기했다. 이집트를 비롯한 북아프리카 지역에서는 아랍의 봄을 계기로 페미니스트들이 고통을 호소하며, 성적 학대의 대상이었고, 처녀성을 강요당해왔으며, 자신의 몸과 성, 자유에 대한 편견에 억눌렸던 여성들의 반란을 이끌었다.

역사적 사실의 서술은 서로 다른 상황에서 벌어지는 다양한 활동들이나 이론들에 일정한 일관성을 부여하는 경향이 있다. 그러나 일관성이 예나 지금이나 응집력을 의미하지는 않는다. 장기적인 차원에서 페미니즘의 성공이 괄목할 만한 것이라면, 언제나 자유주의자, 혁명주의자, 급진주의자들의 논쟁이 늘 합의에 이르렀기 때문은 아니다. 오히려 서로의 반대자는 제동을 거는 역할을 할 수 있었다. 그들 역시 뛰어난 여성들과 남성들에 의존했고, 동맹관계와 문화, 미디어, 필수적인 정책들, 문제를 촉발하는 사건들, 젠더 관계에 대한 전체적인 사고의 변화 등이 그들을 연결하는 매개가 되어주었다. 접근 방식의 분산은 운동을 약화할 수 있으나, 잠재적 매개자들을 통해 그것을 확대하기도 한다. 페미니스트들의 제안은 그렇게 해서 언제나 새롭게 해석되었고, 때로는 구체적 변화를 위해, 혹은 표현 방식에서 변모되기도 했다. 그러나 매번 새로운 상황에 봉착할 때마다 반대파와 새로운 모순들, 세대 간 갈등, 정치적 긴장 등이 등장했고, 이는 페미니즘을 새롭게 갱신하게 하는 도전으로 이끌었다.

지그재그 행보를 해왔던 주요 노선들은 여전히 그들의 도면을 완성하지 않은 것으로 보인다. 개량주의냐 급진주의냐의 투쟁이나 평등, 자유, 정체성, 주관성 사이의 변증법적 투쟁은 불평등이나 편견에 맞서는 투쟁의 노선보다 더 나아가지 못한 듯하다.

여성 인권 사상은, 그것이 침해되는 많은 국가에서 여전히 타당성을 지니고 있지만, 투쟁으로 쟁취한 권리들은 종교적 근본주의자들이나 보수주의 정권에 의해 공격을 받아왔다. 특히 낙태의 권리는 여전히 위협받고 있으나, 일반적으로는 자기 자신과 자신의 몸에 대한 자유로운 선택의 원칙이 세계적인 추세가 되고 있다.

성차별이 미치는 영향은 여전히 여성들의 발언, 조사, 젠더 분석을 통해 가시화해나가야 하는 과제로 남아 있다. 법적 장치들은 점점 완성되고 있지만, 그 법들이 실질적으로 적용되어야 하는 과제가 남아 있다. 여기서 정치적 힘의 역학관계는 결정적 역할을 한다. 페미니스트들의 움직임은 변화를 추동하는 필수적인 요소다. 수많은 반평등적 조치들이 정치적 프로젝트로 제안되었다. 이러한 조치들은 남성 지배가 '자연스러운' 질서라는 생각을 보증해주고자 했다. 이 같은 사고는 성적 규범의 고려와 사회적·인종적 불평등에 대한 염려와 언제나 연결되어 있었다.

개량주의자들은 젠더와 이중 차별에 대한 분석을 통해 성장하곤 했다. '여성' 내에서도 다양하게 존재하는 불평등과 소수자들을 고려하거나, 심지어는 폭력에 남성 피해자—예를 들면 동성애 혐오자들에 의한—를 포함시키는 방식을 통해 자신들의 입지를 강화해왔다. 제도권에 편입된 개량주의 페미니스트들의 활동반경은 넓지 못했고, 경직된 틀 속에서 좀처럼 제도 개혁의 진전을 이루지 못하고 있었다. 젠더 연구들은 이처럼 돌파구를 찾지 못하던 제도권 페미니스트들에게 출구를 열어주고 활력을 제공하는 역할을 하곤 했다. 그러나 한편으론 젠더 연구 자체가 보수화되어가는 유럽 전체에서 보수 세력의 집중적 견제를 받으면서 연구와 제도 개혁에 대한 지원이 축소되는 등, 장기적 차원에서 부정적 결과들이 초래되고 있었다.

반면 개량주의자들과 자주 부딪혔던 급진적 페미니즘 진영은 1980년대에 대다수 활동가들이 퇴각한 뒤에도 무너지지 않았다. 1970년대부터 20세기 말까지 급진적 페미니즘 진영은 민족적, 인종적, 성적 혹은 정치적 소수자들의 압력하에서 '여성' 진영의 법률적·정치적 카테고리의 상대적 분열에 일조한 바 있다. 이들은 이상화된 여성 연대가 간과한 부분들, 그들로 인한 폐해들을 고발하는 역할을 하곤 했다.

그러나 이 같은 비판은 페미니즘에 대한 부정으로 이어지기보다 페미니즘에 대한 재정의와 재구성을 요구하는 목소리의 역할을 했다. 이처럼 약화된 지점에도 불구하고 자유와 억압, 평등·불평등과 관련한 문제들에 대한 근접성은 남반구와 북반구의 페미니스트들 사이, 혹은 이 같은 전형적인 구분을 넘어선 전 세계적인 역동성 속에서 서로를 각별히 가깝게 만들어주었다. 어떤 면에서는 남반구 국가들로부터 온 제안들, 예를 들면 포스트 식민지주의와 생태주의, 특히 신자유주의 비판과 전 세계적인 문제로 인식되는 성차별주의의 폭력 등에 대한 논제들이 페미니스트들에게 오히려 활력을 불어넣는 현상도 목격할 수 있다. 나이지리아의 소설가 치마만다 응고지 아디치에Chimamanda Ngozi Adichie는 모두가 페미니스트가 되자고 제안하지 않았던가?

정치가 약화되고, '여성'이란 주제가 분열하면서 정박할 곳을 잃은 페미니즘은 만기된 과거에 속하게 될 것이라는, 반복적으로 들려온 소리는 힘을 얻지 못하게 되었다. 오히려 그 반대로, 스스로 변이를 계속하며, 접속하고 있는 세상에서 새로운 패러다임에 적응할 것으로 보인다. 페미니즘이 자라온 역사적 뿌리는 영감의 원천이며, 그들이 성취한 것들, 그들의 제안, 혹은 단순히 여성 자치를 향한 수많은 공격들은 새로운 도전을 끝없이 자극하는 요소다. 아랍 혁명에서 나타난 수많은 여성 블로거들과 미투(#metoo) 운동은 페미니즘 역사의 많은 핵심 요소들을 미디어의 무대 전면으로 불러냈다. 여성들의 경험과 트라우마에 대한 직접적인 폭로, 더 이상 침묵하기를 거부하는 그들이 겪은 불의들은 경계를 넘어서 눈덩이처럼 커져갔다. 이 같은 폭로들은 미증유의 세계적 반향을 불러일으켰다. 지금까지는 침묵하고 부인하거나 대수롭지 않은 일로 치부하던 일들이 성과 젠더 불평등에 대한 폭로로 밝혀졌다. 그러한 여성들과 행사장에 선 여배우들은 페미니즘이 얼마나 정치적인 주제이며, 그 자체로 얼마나 복합적인 것인지, 그리고 우리의 언어와 반란이 얼마나 페미니즘을 성장시키는지를 입증했다.

미주

1. Offen, 2012; Hannam, 2007.

2. Offen, 2012.

3. Fraisse, 1995.

4. Godineau, 2004.

5. Fraisse, 1995, 1998.

6. Sedghi, 2007.

7. Prun in Monacelli et Prun, 2010.

8. Moses, 1984; Riot-Sarcey, 1994.

9. Rossi, 1988.

10. Anderson, 2000.

11. Primi, 2020; Offen, 2012.

12. Kish Sklar, 2000, 2007.

13. DuBois, 1999; Fillard, 2009.

14. Tetrault, 2014.

15. Klejman et Rochefort, 1989.

16. Robson et Robson, 1994.

17. Pietrow-Ennker et Paletscheh, 2004; Gubin *et alii*, 2004; Lavrin, 1995; Rochefort in Fauré, 1997; Bard, 1995, 2015; Chaperon, 2000.

18. Jayawardena, 1986; Offen, 2012.

19. Las, 1996.

20. Meyer in Farges et Saint-Gille, 2013.

21. Rupp, 1997.

22. Rupp, 1997.

23. Lavrin, 1995.

24. Burton, 1994.

25. Jayawardena, 1995.

26. Badran, 2009.

27. Thompson, 2000.

28. Daoud, 1993.

29. De Hann *et alii*, 2006.

30. Purkayastha, 2014.

31. Roces et Edwards, 2010.

32. Kish Sklar, 2000.

33. Daley et Nolan, 1994.

34. Boittin, 2010.

35. Hannam, 2007.

36. Bijon et Delahaye, 2017.

37. Rochefort, 1998; Daley et Nolan, 1994.

38. *Ebisu*, 2012.

39. Smith, 2000.

40. Daoud, 1993.

41. Pavard, 2012; Pavard, Rochefort, Zancarini-Fournel, 2012.

42. *Cahier genre et développement*, 2010.

43. Sluga in Haan de, 2013.

44. Kian-Thiebaud in Gubin *et alii*, 2004.

45. Kuhar et Paternotte, 2018.

46. Baxandall et Gordon, 2000; Hartmann, 1998.

47. Revillard, 2016.

48. Threlfall, 1996; Fougeyrollas-Schwebel, 1997; Bard, 2012, 2017; Schulz, 2017.

49. Thebaud, 2012; Zancarini-Fournel in Gubin *et alii*, 2004.

50. Scheibe Wolf in Rochefort et Viennot, 2013.

51. Rochefort et Zancarini-Fournel in Fougeyrollas-Schwebel et Rochefort, 2015; Lamoureux, 2010.

52. Chetcutti et Michard, 2003.

53. Karius, 2016; Falquet, 2011.

54. Dorlin, 2008.

55. Sow in Locoh et Puech, 2008.

56. *Cahiers genre et développement*, 2010.

57. Pavard et Zancarini-Fournel, 2013.

58. Zancarini-Fournel, 2003

59. Pavard, 2012; Pavard, Rochefort, Zancarini-Fournel, 2012.

60. Bullock et Kano, 2018.

61. Rochefort, 2010.

62. Thébaud, 2007.

63. Revillard, 2016.

64. Forstenzer, 2012; Falquet, 2011.

65. Haasse-Dubosc *et alii*, 2002.

66. Schulz, 2017; Bergès *et alii*, 2017; Lamoureux, 2016.

67. Mohanty, Russo, Torres, 1991.

68. *Cahiers du CEDREF*, 2015.

69. Bienaimé, 2016.

70. Dumont, 2011.

참고문헌

Anderson Bonnie, *Joyous Greetings : The First International Women's Movement (1830-1860)*, Oxford, Oxford University Press, 2000.

Antrobus Peggy, *Le mouvement mondial des femmes* (2004), Paris, Enjeux Planète, 2007.

Badran Magot, *Feminism in Islam, Secular and Religious Convergences*, Oxford, Oneworld, 2009.

Bard Christine, *Les Filles de Marianne. Histoire des féminismes (1914-1940)*, Paris, Fayard, 1995.

Bard Christine (dir.), *Les féministes de la deuxième vague*, Rennes, PUR, «Archives du féminisme», 2012.

Bard Christine, (dir.), *Les féministes de la première vague*, Rennes, PUR, «Archives du Féminisme», 2015.

Bard Christine & Chaperon Sylvie, *Dictionnaire des féministes*, Paris, PUF, 2017.

Baxandall Rosalyn & Gordon Linda (eds), *Dear Sisters Dispatches from the Women's Liberation Movement*, New York, Basis Books, 2000.

bell hooks, *Ne suis-je pas une femme ? Femmes noires et féminismes* (1981), Paris, Cambourakis, 2015.

Bergès Karine, Florence Binard & Guyard-Nedelec Alexandrine, *Féminismes du XXIᵉ siècle : une troisième vague*, Rennes, PUR, «Archives du féminismes», 2017.

Bienaimé Charlotte, *Féministes du monde arabe*, Paris, Les Arênes, 2016.

Bijon Béatrice & Delahaye Claire (textes réunis et présentés par), *Suffragistes et suffragettes : la conquête du droit de vote des femmes au Royaume Uni et aux États-Unis*, Lyon, ENS Éditions, 2017.

Boittin Jennifer, *Colonial Metropolis. The Urban grounds of Anti-imperialism and Feminism in Interwar Paris*, Lindon (Utah)-London, University of Nebraska Press, 2010.

Bowden Peta & Mummery Jane, *Understanding Feminism*, Stockfield, Acumen, 2009.

Bullock Julia C., Kano Ayako & Welker James (eds), *Rethinking Japanese Feminisms*, Honolulu, University of Hawaii Press, 2018.

Burton Antoinette, *The White Woman's Burden : British Feminists and the Indian Woman (1865-1915)*, Chapel Hill, University North Carolina, 1994.

Butler Judith, *Trouble dans le genre. Pour un féminisme de la subversion* (1990), Paris, La Découverte, 2005.

Butler Judith, *Défaire le genre*, Paris, Editions Amsterdam, 2006.

Butler Judith & Scott Joan W. (eds), *Feminists Theorize the Political*, New York-London, Routledge, 1992.

Cahiers du CEDREF, «Intersectionnalité et colonialité. Débats contemporains», sous la direction de Jules Falquet et Azadeh Kian, 2015.

Cahiers Genre et développement, «Genre, postcolonialisme et diversité des mouvements des femmes», sous la direction de Christine Vershuur, no. 7, 2010.

Chaperon Sylvie, *Les Années Beauvoir : 1945-1970*, Paris, Fayard, 2000.

Charpenel Marion & Pavard Bibia, «Féminisme», in Achin Catherine et Bereni Laure (dir.), *Dictionnaire Genre & Science politique*, Paris, Presses Sciences Po, 2013, p. 263-273.

Chetcutti Natacha & Michard Claire (dir.), *Lesbianisme et féminisme, histoires politiques*, Paris, L'Harmattan, 2003.

Cohen Yolande & Thébaud Françoise (dir.), *Féminismes et identités nationales*, Lyon, Programme Rhône-Alpes de recherches en Sciences Humaines, 1998.

Daley Caroline & Nolan Mélanie (eds), *Suffrage and Beyond international Feminist Perspectives*, New York, New York University Press, 1994.

Daoud Zakya, *Féminisme et politique au Maghreb. Soixante ans de lutte*, Paris, Maisonneuve & Larose, 1993.

Dayan-Herbrun Sonia, *Femmes et politique au Moyen-Orient*, Paris, L'Harmattan, 2005.

Dorlin Elsa, *Sexe, genre et sexualité*, Paris, Puf, 2008.

Dorlin Elsa (ed.), *Black feminism, Anthologie du féminisme africain-américain 1975-2000*, Paris, l'Harmattan, 2008.

DuBois Ellen, *Feminism and Suffrage : The Emergence of an Independant Women's Movement in America 1848-1869*, Ithaca, Cornell University Press, 1999.

Dumont Fabienne (ed.), *La Rébellion du Deuxième Sexe. L'histoire de l'art au crible des théories féministes anglo-américaines (1970-2000)*, Paris, Les Presses du réel, 2011.

Ebisu, «Naissance d'une revue féministe au Japon : Seitō (1911-1916)» sous la direction de Christine Lévy, no. 48, automne-hiver 2012.

Evans Richer J., *The Feminists : Women's Emancipation Movements in Europe, America and Australasia (1840-1920)*, London, Corom Helm, 1977.

Falquet Jules, «Les "féministes autonomes" latino-américaines et caribéennes : vingt ans de critique de la coopération au développement», *Recherches féministes*, vol. 24, no. 2, 2011, p. 39-58.

Farges Patrick & Saint-Gille Anne-Marie (dir.), *Le premier féminisme allemand 1848-1933. Un mouvement social de dimension internationale*, Villeneuve d'Ascq, Presses universitaires du Septentrion/Ciera, 2013.

Fillard Claudette (dir.), *Elizabeth Cady Stanton. Naissance du féminisme américain à Seneca Falls*, Lyon, ENS Éditions, 2009.

Fortenzer Nicole, *Politiques de genre et féminisme dans le Chili de la post-dictature (1990-2010)*, Paris, L'Harmattan, 2012.

Fougeyrollas-Schwebel Dominique et Rochefort Florence (dir.), *Penser avec Françoise Collin. Le féminisme et l'exercice de la liberté*, Donnemarie-Dontilly, Editions iXe, 2015.

Fougeyrollas-Schwebel Dominique, «Le féminisme des années 1970», in Christine Fauré (dir.), *Encyclopédie politique et historique des femmes*, Paris, Puf, 1997, p. 729-770.

Fraisse Geneviève, *Muse de la raison*, Paris, Gallimard, «Folio», 1995.

Fraisse Geneviève, *Les femmes et leur histoire*, Paris, Gallimard, «Folio», 1998.

Fraisse Geneviève, *La fabrique du féminisme*, Congé sur Orne, Le passager clandestin, 2012.

Fraser Nancy, *Le féminisme en mouvement. Des années 1960 à l'ère néolibérale*, Paris, La Découverte, 2012.

Freedman Estelle B., *No Turning Back. The History of Feminism and the Future of Women*, New York, Ballantine Books, 2002.

Gender & History, «Feminism and internationalism», vol. 10, no. 3, November 1998.

Godineau Dominique, *Citoyennes Tricoteuses. Les femmes du peuple à Paris pendant la Révolution française* (1988), Paris, Perrin, 2004.

Gubin Eliane *et alii.*, *Le siècle des féminismes*, Paris, L'Atelier, 2004.

Haan Francisca de *et alii.* (eds), *Women's Activism. Global Perspectives from 1890s to the Present*, London-New York, Routledge, 2013.

Haan Francisca de, Daskalova Krassimira & Loutfi Anna (eds), *A Biographical Dictionary of Women's Movements and Feminisms Central Eastern, and South Eastern Europe 19th and 20th Centuries*, Budapest-New York, Central European University Press, 2006.

Haase-Dubosc Danielle *et alii.* (eds), *Enjeux contemporains du féminisme indien*, Paris, MSH Editions, 2002.

Hannam June, *Feminism*, London, Pearson Longman, 2007.

Hartmann Susan M., *The Other Feminists : Activists in the Liberal Establishment*, New Haven, Yale University Press, 1998.

Hirata Helena *et alii.* (dir.), *Dictionnaire critique du féminisme*, Paris, Puf, 2000.

Jacquemart Alban, *Les hommes dans les mouvements féministes français (1870-2010). Sociologie d'un engagement improbable*, Rennes, PUR, «Archives du Féminisme», 2015.

Jayawardena Kumari, *Feminism and Nationalism in the Third World*, London, Zed Book, 1986.

Jayawardena Kumari, *The White Woman's Other Burden : Western Women and South Asia during colonial British Rule*, New York, Routledge, 1995.

Jisun Bae Annie, «De la responsabilité historique des États : le cas des femmes de réconfort», *Nouvelles Questions Féministes*, 2017/2, vol. 36, p. 100-113.

Karius Sophie, «Construire le mouvement féministe en Namibie au lendemain de l'indépendance : Sister Namibia (1989-2015)», Mémoire de Master 1 en histoire de l'Afrique contemporaine, sous la direction de Pierre Boilley et Anne Hugon, université Paris 1 Panthéon-Sorbonne, 2016.

Kish Sklar Kathryn & Brewer Stewart James (eds), *Women's Rights and Transatlantic Antislavery in the Era of Emancipation*, New Haven-London, Yale University, 2007.

Kish Sklar Kathryn, *Women's Rights Emerges within the Antislavery Movement (1830-1870). A Brief History with Documents*, Boston-New York, Bedford/St Martin's, 2000.

Klejman Laurence & Rochefort Florence, *L'Égalité en marche. Le Féminisme sous la Troisième République*, Presses de la FNSP / Des femmes, 1989.

Kwon Insook, « "The New Women's Movement" in 1920s Korea: Rethinking the Relationship Between Imperialism and Women», *Gender & History*, vol. 10, no. 3, November 1998, p. 381-405.

Lamoureux Diane, *Les possibles du féminisme. Agir sans "nous"*, Montréal, Éditions du Remue-Ménage, 2016.

Lamoureux Diane, *Pensées Rebelles. Autour de Rosa Luxembourg, Hannah Arendt et Françoise Collin*, Montréal, Éditions du Remue-Ménage, 2010.

Las Nelly, *Femmes juives dans le siècle. Histoire du Conseil international des femmes juives de 1899 à nos jours*, Paris, L'Harmattan, 1996.

Lavrin Asunción, *Women, Feminism & Social Change in Argentina, Chile & Uruguay (1890-1940)*, Lincoln and London, University of Nebraska Press, 1995.

Lerner Gerda, *The Creation of Feminist Consciousness : From the Middel Age to 1870*, Oxford, Oxford University Press, 1993.

Locoh Thérèse et Puech Isabelle (Propos recueillis par), «Fatou Sow, les défis d'une féministe en Afrique», *Travail, Genre et Sociétés*, vol. 2, no. 20, 2008, p. 5-22.

Michel Andrée, *Le Féminisme*, Paris, PUF, «Que sais-je ?», 1972.

Mohanty Chandra Talpade, Russo Ann & Torres Lourdes, *Third World Women and the Politics of Feminism*, Bloomington and Indianapolis, Indiana University Press, 1991.

Monacelli Martine & Prun Michel (dir.), *Ces hommes qui épousèrent la cause des femmes. Dix pionniers britanniques*, Paris, L'Atelier, 2010.

Moses Goldberg Claire, *French Feminism in the Nineteenth Century*, Albany, Suny University Press, 1984.

Offen Karen, *Les féminismes en Europe 1700-1950*, Rennes, PUR, 2012.

Offen Karen (ed.), *Globalizing Feminisms 1789-1945*, London-New York, Routledge, 2010.

Pavard Bibia, *Quand je veux, si je veux. Contraception et avortement dans la société française (1956-1979)*, Rennes, PUR, «Archives du féminisme», 2012.

Pavard Bibia & Zancarini-Fournel Michelle, *Luttes de femmes 100 ans d'affiches féministes*, Paris, Les Échappés, 2013.

Pavard Bibia, Rochefort Florence & Zancarini-Fournel Michelle, *Les lois Veil Contraception 1974, IVG 1975*, Paris, Armand Colin, 2012.

Picq Françoise, *Libération des femmes. Les années Mouvement*, Paris, Seuil, 1993.

Pietrow-Ennker Bianka & Paletschek Sylvia (eds), *Women's Emancipation Movement in the Nineteenth Century : A European Perspective*, Stanford, Stanford University Press, 2004.

Primi Alice, *Femmes de progrès. Françaises et Allemandes engagées dans leur siècle (1848-1870)*, Rennes, PUR, «Archives du féminisme», 2010.

Purkayastha Prarthana, *Indian Modern Dance, Feminism and Transnationalism*, Hampshire, Palgrave Macmillan, 2014.

Reilly Maura & Nochlin Linda (eds), *Global Feminism : New Directions in Contemporary Art*, London-New York, Merrell et Brooklyn Museum,

2007.

Revillard Anne, *La cause des femmes dans l'État. Une comparaison France Québec*, Grenoble, PUG, 2016.

Riot-Sarcey Michèle, *Histoire du féminisme*, Paris, La Découverte, «Repères», 2002.

Riot-Sarcey Michèle, *La Démocratie à l'épreuve des femmes. Trois figures critiques du pouvoir, Désirée Véret, Eugénie Niboyet et Jeanne Deroin (1830-1848)*, Paris, Albin Michel, 1994.

Robson Ann P. & Robson John M., *Sexual Equality Writings by John Stuart Mill, Harriet Taylor and Helen Taylor*, Toronto, University of Toronto Press, 1994.

Roces Mina & Edwards Louise (eds), *Women's Movements in Asia. Feminisms and transnational activism*, London-New York, Routledge, 2010.

Rochefort Florence «L'accès des femmes à la citoyenneté politique dans les sociétés occidentales : essai d'approche comparative», in Cohen Yolande. & Thébaud Françoise (dir.), *Féminismes et identités nationales*, Lyon, Programme Rhône-Alpes de recherches en Sciences Humaines, 1998, p. 21-45.

Rochefort Florence, «Du droit des femmes au féminisme en Europe 1860-1914», in Christine Fauré (dir.), *Encyclopédie politique et historique des femmes*, Paris, PUF, 1997, p. 551-570.

Rochefort Florence, «Troisième vague féministe, religions et sécularisations, 1990-2007», in Christine Fauré (dir.), *Nouvelle encyclopédie politique et historique des femmes*, Paris, Les Belles Lettres, 2010, p. 1096-1114.

Rochefort Florence & Eliane Viennot (dir.), *L'Engagement des hommes pour l'égalité des sexes*, St Etienne, Publication de l'Université de Saint-Étienne, 2013.

Rossi Alice S., *The Feminist Papers From Adam to de Beauvoir* (1973), Boston, Northeastern University Press, 1988.

Rupp Leila K., *Worlds of Women The Making of an International Women's Movement*, Princeton, (New Jersey), Princeton University Press, 1997.

Schulz Kristina (ed.), *The Women's Liberation Movement. Impacts and*

Outcomes, New York, Oxford, Berghahn, 2017.

Scott Joan W., *La citoyenne paradoxale les féministes françaises et les droits de l'homme*, Paris, Albin Michel, 1998.

Sedghi Hamideh, *Women and Politics in Iran Veiling, Unveiling, and Reveiling*, Cambridge, Cambridge University Press, 2007.

Sluga Glenda «"Spectacular Feminim" The international history of Women, world citizenship and human rights», in Haan Francisca de *et alii*. (eds), *Women's Activism. Global Perspectives from 1890s to the Present*, London-New York, Routledge, 2013, p. 44-58.

Smith Bonnie G. (ed.), *Global Feminism since 1945*, London, Routledge, 2000.

Sociétés contemporaines, «Les femmes contestent. Genre, féminismes et mobilisations collectives», sous la direction de Laure Bereni et Anne Revillard, no. 85, 2012.

Taylor Barbara, *Eve and the New Jerusalem Socialism and Feminism in Nineteenth Century*, London, Virago, 1983.

Tetrault Lisa, *The Myth of Seneca Falls : Memory and the Women's Suffrage Movement (1848-1898)*, Chapel Hill, The University of North Carolina Press, 2014.

Thebaud Françoise, *Ecrire l'histoire des femmes et du genre*, Lyon, ENS Éditions, 2007.

Thebaud Françoise, «Le privé est politique. Féminismes des années 1970», in Michel Pigenet et Danielle Tartakowski (dir.), *Histoire des mouvements sociaux en France : De 1814 à nos jours*, Paris, La Découverte, 2012, p. 509-520.

Thompson Elizabeth, *Colonial Citizens: Republican Rights, Paternal Privilege and Gender in French Syria and Lebanon*, New York, Columbia University Press, 2000.

Threlfall Monica (ed.), *Mapping the Women's Movement*, London-New York, Verso, 1996.

Women's Studies International Forum, Special Issue «Circling the Globe: International Feminism Reconsidered (1910 to 1975)», edited by Ellen Carol Dubois and Katie Oliviero, vol. 32, Issue 1, January-February 2009.

Zancarini-Fournel Michelle, «Histoire(s) du MLAC (1973-1975)», *Clio. Histoire, femmes et sociétés*, no. 18, 2003, p. 241-252.

주요 잡지

Aspasia The International Yearbook of Central, Eastern, and Southeastern European Women's.

Gender & History.

Clio Femmes, Genre, Histoire / Clio Women, Gender, History.

Cahiers Genre et développement.

Cahier du genre.

Genre et Histoire.

Genre Travail et Sociétés.

Nouvelles questions féministes.

Women's History Review.

Women's Studies International Forum.

옮긴이의 말

2016년 5월 강남역 화장실 살인사건이 발생하고, 분노의 화산이 폭발한 뒤, 거기서 하염없이 흘러내리던 용암을 보았다. 그날 이후 낙태죄 폐지 시위, 위선의 가면들을 저격하던 미투의 릴레이, 홍익대 몰카 유출 사건, 대학로 몰카 편파 수사 규탄 집회, 낙태죄 위헌 판정, 버닝썬 사건, n번방 사건, 숙명여대 트랜스젠더 입학 좌절 사건까지… 젠더 갈등이 수면 위로 드러난 사건들이 숨가쁘게 이어졌다. 남성이 여성에게 가해온 린치를 그대로 돌려준다는 미러링 사이트들이 명멸하며 온라인 공간에서 젠더 분쟁의 가열을 증폭시키기도 했다. 압축된 시간 속에서 폭발적으로 전개되던 전쟁의 한복판에서 여와 남은 서로를 향해 너희들 때문에 우리가 불행해졌다고 절규하고 있었다. 전선이 달궈질수록 본질은 파편이 되어 사방으로 흩어지는 듯했다.

페미니즘이 탄생했던 그 태초의 순간으로 거슬러 올라가 차분히 그 연원을 되짚어보고 싶다는 생각이 간절해질 무렵, 이 책을 만났다. 《페미니즘들의 세계사》라는 묵직한 제목에 비해 단출한 부피를 가진 이 책은 페미니스트이기보다 역사학자인 저자가, 18세기에 탄생해 21세기에 이르기까지 평등을 누리는 '인류'이고자 싸워온 여성들의 역사를 담담하게 서술한다. 이 뜨거운 이야기를 기술하는 지나치게 차분한 어조는 때로, 저자를 향해 '당신은 대체 누구 편이기에?'라는 질문을 품게 하기도 했다. 그러나 저자는 마지막 문장까지 뜨거운 심장을 열어보이지 않고 역사학자의 논조를 냉정하게 유지한다. 그것이 한편으로 이 책의 미덕이라 할 수도 있겠다.

민주주의, 더 정확히는 '평등'이라는 보편적 가치를 향한 민중의 봉기가 세상을 뒤엎을 때, 페미니즘의 욕구는 함께 분출해왔다. 1789년에 쓰인 프랑스 혁명의 〈시민인권선언〉 1조는 "인간은 권리에 있어서 자유롭고 평등하게 태어나 생존한다"라고 말한다. 바스티유 감옥을 습격하고 베르사유궁에 있던 왕을 파리로 데리고 왔던 사람들의 절반 이상은 여성이었고, 그들은 혁명이 가져올 자유와 평등, 박애를 모두가 함께 나눌 것을 믿어 의심치 않았다. 그러나 혁명이 성공하자, 남성들은 여성들과 함께 싸워 얻은 승리임을 잊었다. 프랑스 최초의 페미니스트로 불리는 올랭프 드 구즈는 혁명이 천명한 평등의 권리가 여성을 비껴가는 것을 보며 거침없는 비판에 나섰다. 루이 16세와 함께 처형된 마리-앙투아네트를 보며 "여성이 단두대에 오를 권리가 있다면, 연단에 오를 권리도 가져야 한다"라고 날카롭게 비판했던 그녀에게 돌아온 것은, 단두대에서 처형될 권리뿐이었다.

영국으로부터의 독립에 나선 미국인들도 독립선언문에서 이렇게 적고 있다. "모든 사람은 평등하게 창조되었고, 창조주는 몇 개의 양도할 수 없는 권리를 부여했다." 북미 원주민들을 짐승처럼 내몰았던 그들에게 "모든 사람"이 포함하는 바는 단지 백인 남성뿐이었음을 일깨우는 것은 이후, 투쟁에 나선 흑인들과 여성들의 몫이었다. 노예제 폐지 운동가들과 연대하여 싸우던 여성 참정권 운동 진영은 연방법원이 흑인을 포함한 남성에게만 선거권(1870)을 주는 것을 보면서, 다시 한 번 함께 도달한 진보의 문 밖에 버려진다.

러시아 혁명, 중국 혁명, 또 아랍, 남미, 아프리카에서 독재자를 몰아낸 민중의 투쟁에서도 여성들이 절반의 몫을 차지하지 않은 적은 없었으나, 그들이 혁명의 열매를 나누어 가진 적은 없었다. '인간의 평등'이 여성에게도 적용되어야 함을 설득하기 위해서는 또 다른 투쟁과 순교, 운동이 필요했다.

좌파가 권력을 장악하면서 페미니즘 활동가들이 제도권으로 흡수되고, 그것이 현장의 활력을 말살하고, 신실한 활동가들을 흩어지게 하는 일은 세상 곳곳에서 벌어져왔다. 급진주의와 개량주의가 살벌하게 대립하지만, 대의를 위해선 손을 잡고 마침내 승리의 문 앞에 당도했으며, 한 나라에서의 승리가 거대한 물결이 되어 다른 대륙에 당도해 여성해방의 문을 열어젖힌 것도 페미니즘사에서 반복되어온 일이었다. 그런가 하면, 그룹의 권력을 장악한 페미니스트 지도자가, 그 권력에 집착하며, 해체되어야 할 새로운 권위의 요체가 되는 일도 종종 벌어졌다.

헝클어진 실타래 속에서 모두 난망할 때, 역사를 복기하며 시작점을 확인하고, 역사가 공유해온 보편성이 가리키는 길을 다시 떠나기 위해 인간은 역사를 만들어왔을 것이다. 함께 땅을 딛고 있었던 절반의 인류가 언 발로 서 있었다는 사실을 알지 못하던 나머지 절반의 인류. 그들이 언 발을 녹이고 함께 발맞춰 걸어갈 수 있는 날이 올 때까지, 이 책이 작은 디딤돌이 되어 그 길에 놓이길 바란다.

목수정

페미니즘들의 세계사

1판 1쇄 2020년 7월 7일

지은이 | 플로랑스 로슈포르
옮긴이 | 목수정

펴낸이 | 류종필
편집 | 이정우, 정큰별
마케팅 | 김연일, 김유리
표지·본문 디자인 | 박미정
교정교열 | 오효순

펴낸곳 | (주) 도서출판 책과함께
　　　　주소 (04022) 서울시 마포구 동교로 70 소와소빌딩 2층
　　　　전화 (02) 335-1982
　　　　팩스 (02) 335-1316
　　　　전자우편 prpub@hanmail.net
　　　　블로그 blog.naver.com/prpub
　　　　등록 2003년 4월 3일 제25100-2003-392호

ISBN 979-11-88990-76-4 03900

이 도서의 국립중앙도서관 출판시도서목록(CIP)은
서지정보유통지원시스템 홈페이지(http://seoji.nl.go.kr)와
국가자료종합목록시스템(http://www.nl.go.kr/kolisnet)에서
이용하실 수 있습니다. (CIP제어번호 : CIP2020025068)